好爸爸是个"故事机"

博士爸爸的经验分享

侯泰而◎著

朝華出版社
BLOSSOM PRESS

图书在版编目（CIP）数据

好爸爸是个"故事机"/侯泰而著 . -- 北京：
朝　华出版社，2016. 10（2018.9 重印）
ISBN 978-7-5054-3838-5

Ⅰ．①好… Ⅱ．①侯… Ⅲ．①儿童教育－家庭教育
Ⅳ．① G781

中国版本图书馆 CIP 数据核字（2016）第 193122 号

好爸爸是个"故事机"

作　　者	侯泰而　著
选题策划	博观世纪丨谌三元
责任编辑	刘冰远
特约编辑	赵　曼　刘照地
责任印制	张文东　陆竞赢
封面设计	红杉林文化

出版发行	朝华出版社
社　　址	北京市西城区百万庄大街 24 号　　**邮政编码**　100037
订购电话	（010）68413840　68996050
传　　真	（010）88415258（发行部）
联系版权	443402818@qq.com
网　　址	http://zhcb.cipg.org.cn
印　　刷	北京玥实印刷有限公司
经　　销	全国新华书店
开　　本	710mm×1000mm　1/16　　　　**字　数**　185 千字
印　　张	14.25
版　　次	2016 年 10 月第 1 版　2018 年 9 月第 4 次印刷
装　　别	平
书　　号	ISBN 978-7-5054-3838-5
定　　价	35.00 元

爱孩子是家长的天性。为了自己的孩子，我们都希望成为好家长。怎么才算是好家长呢？这不仅需要自我评价，更要看孩子是如何评价的。

在大部分孩子的评价指标体系里，有一项可能是：会讲故事。

哪个孩子不喜欢听故事？我的女儿凌凌对我的要求是："老爸，你要努力成为我的'故事机'！"孩子有要求，而且不过分，为什么不满足她？幸运的是，我受过师范教育，从事过多年基础教育工作，略懂一点儿童教育学、心理学和讲故事的技巧，给孩子编、讲故事不算太难。于是，我"演播"的故事，一直伴随女儿的成长，从入园前到幼儿园，从幼儿园到小学，从未间断过。涓滴的汇集、日常的积累，慢慢地，觉得有一些感受和做法可以记录下来，或许具有分享的价值，于是，有了这本书。

我希望你能在这本书里读到你想要的东西。但我要声明的是，我不是专家，也不是名人。如果一定要给自己加上什么头衔的话，我愿意是两个字：家长。所以，我们拥有同一个身份，站在同一个平台上。关于怎么陪伴孩子，怎样给孩子讲故事，你一定有自己独特的做法，有和孩子共同创造的"独家秘籍"，这些经验和诀窍隐藏着极大的价值。我写在这本书里的，同样是一个家长的育儿体会，一些平常的点点滴滴。这样一来，我们也许就有了许多共同点，如果你发现这本书中的某个细节、某些做法，和你平时所做的居然那样相似，忍不住举手加额："哦，原来他也是这么做的！"那我将会心一笑，你的共鸣让我感到了分享的快乐，让我感到这本书原来还是有一些价值的。

讲故事这件事，对家长的耐心是一种考验。当家长的人，对孩子讲故事的要求要不退不避、不厌其烦。有时候，孩子会让你重复讲述一个简单的故事，一而再，再而三，疲倦的你可能昏昏欲睡，你是否会坚持下去？我不知道你的答案。如果是我，我会尽力坚持下去。耐心需要磨砺。讲故事这件事，重复多遍以后，你将会找到其中的乐趣。而且，你会发现，时日一长，自己越来越会讲故事了，孩子越来越喜欢听你讲故事了。这难道不值得欣喜吗？我有一个观点，不要在意自己的故事讲得好不好，不要在乎自己的文化水平高不高，只要你耐心地去对待孩子讲故事的要求，你就一定会成为孩子欢迎的"故事机"。

每个孩子都是卓越的种子，在家长的精心浇灌下，都有可能长成参天大树。然而，每棵幼苗所需阳光雨露的多少是不一样的，世界上找不到一模一样的两棵树。我在这本书里谈了我给孩子讲故事的一些方法，谈了陪伴孩子阅读故事的一些经验，它们大约能给你提供些借鉴，开拓你培育孩子的思路。但是，如果你把它们奉为金科玉律，以为是可以照抄照搬到自己孩子身上的法宝，那就不太合适了。这样做的初心或许是好的，效果却可能不尽如人意。你一定想给足孩子所需的精神养分，我在书里介绍的方法，恰好成为这些养分里恰当的一分子。

祝你成为一个会讲故事的好家长！

愿我们都成为孩子喜欢的好家长！

第一章 好家长应该做一个"讲故事的人"

故事是孩子最需要的精神食粮。给孩子讲故事，选择什么内容是第一位的事情。讲的时候，可以多问几个"为什么"。讲故事有文讲和武讲的区别。是"讲故事""编故事"，不能是"读故事"。

第二章 正确认识故事的妙用和魔力

很多名人小时候都受过童话故事的教育和熏陶。故事能够触及一些直接教育无法触及的区域，是传播知识和经验的有效载体，很多童话故事蕴含丰富的道德自律和利他精神。

第三章 **开始时故事应该温馨、富有童话色彩**

故事要充满童趣，充满欢乐和阳光。篇幅也不宜过长，简洁的故事更能吸引低龄儿童。低龄儿童喜欢重复听一个故事，这时家长要有耐心。听故事时，孩子转移注意力是很正常的。

第四章 **让孩子成为故事的主人公**

把孩子编入故事里，是广受孩子欢迎的做法。发现孩子的优点，可以编入故事给他听，能增强孩子的自信，恰当的赏识也是亲子关系的润滑剂。鼓励孩子一起编故事，不仅使故事更丰富，还能训练孩子的思维能力。

第五章　在故事里传递正能量

我们讲的故事要传递正能量，涵盖美好的品质，帮助孩子面对和适应世界。讲故事应调动孩子思考的积极性，不把自己的意愿强加给孩子。

第六章　科普必不可少

科普故事能激发孩子探索科学现象和未知世界。我给凌凌讲科普故事时，总是留下一些空白点，向她提问，和她互动，然后再慢慢揭示答案。若是孩子能主动去追寻科学知识，那我们讲科普故事的目的就达到了。

第七章　带魔幻色彩的故事

魔幻故事可以拓展孩子的想象力，增强孩子对不同文化的了解。叶开给女儿讲的故事，充满"侠义感"，展现正义的力量，满足了孩子"行侠仗义"的心理。

第一章

好家长应该做一个"讲故事的人"

家长应陪孩子成长，和孩子做朋友，这是许多人都懂得的道理。

　　现实中，我们看到，有的人，只要有空就和孩子一起玩；有的人，不知疲倦地陪孩子上学、做作业、参加各种兴趣班；有的人，耐心细致地呵护孩子，生怕孩子累着、碰着、摔着；有的人，带领着孩子努力往前奔，想让孩子成名成家……好吧，只要愿意，我们可以列出成百上千种行为和现象来。

　　这些行为和现象，有些是科学的，有些则不那么合乎孩子的成长规律，但无可置疑，父母的出发点都是好的：一切为了孩子。哪一个父母不希望自己的孩子好呢？

　　那么，到底该怎样陪孩子一起成长？

　　答案实在太多了。走进任何一家书店，几乎都能看到育儿方面的书。这些书里，写满了各种各样的方法。对这些林林总总的方法，我们没法一一验证，也验证不过来。但可以肯定，讲故事是一个陪伴孩子成长的好方法。这个方法简便易行、妙用无穷，几乎每个家长都使用过。

　　诺贝尔文学奖得主莫言领奖时，发表的感言就叫《讲故事的人》，他说："我是一个讲故事的人，我还是要给你们讲故事。"

　　英国著名作家王尔德的儿子回忆说："（父亲）有时会活跃在育婴室的地上，轮番装成狮子、狼、马，平时的斯文形象一扫而空……玩累了时，他会让我们静静地听他讲童话故事，讲冒险传说，他肚子里有讲不完的故事……"

知名作家、学者周作人明确指出，故事是孩子最需要的精神粮食。他说："儿童所需要的是什么呢？我从经验上代答一句，便是故事和画本。"

作家叶开有一个观点，"做会讲故事的父亲母亲！"他说，"不要过早教小孩子拼音、认字，而是尽量抽出时间来给孩子读，给孩子讲。在具体的讲、读过程中，你作为一位父亲、一位母亲的形象，就生动地铭刻在孩子的记忆深处。"

每个家长都应该做一个"讲故事的人"，不断地满足孩子听故事的要求。

我的女儿凌凌是一个机灵活泼的小学生，她对我的要求是："好爸爸是一个'故事机'！"我不仅要经常陪伴她，而且要源源不断地为她"生产"故事，就像一架会讲故事的机器。

当今，各方面飞速发展，工作和生活节奏都很快。在"压力山大"的社会环境下，许多家长常以工作繁忙为由，没时间陪孩子，更别提给孩子讲故事了。这是一个值得我们深思的现实。

陪孩子是分内之事，而讲故事是一种好手段，为什么不用起来？

当你忙碌的时候，别忘了自己作为家长的责任，别忘了用故事来润泽孩子的心灵。你应该拿起故事这个"武器"，融洽你和孩子之间的氛围，强化你和孩子之间的联系，使你的家庭成为亲密无间、其乐融融、令人羡慕的家庭。

要重视讲故事，不能敷衍了事

在日常生活中，面对孩子讲故事的要求，有些家长可能不理解。或者以事务繁忙为由来推托，或者让爷爷、奶奶或保姆等代替自己给孩子讲，甚至让孩子看电视、玩电脑，来转移孩子听故事的要求。

有的家长虽然答应给孩子讲故事，但心里却不那么情愿，要么随便编一个，要么拿起一本现成的书，"稀里哗啦"快读一遍，算是满足了孩子的要求。

这样好不好？

必须认识到，虽然现在手机、网络等使人们之间的联系越来越方便，可随着生活和工作节奏的变化，我们与孩子相处的机会不是多了，而是少了。作为家长的你也许还记得，在你小的时候，这个社会没有如今这么紧张和忙乱，父母经常会带着孩子出去玩，或是陪着孩子一起游戏、读书。现在，我们可以检讨一下，我们是不是常常陪孩子呢？确实，我们供房、养车，要无休止地工作，担心被公司炒鱿鱼，每天早出晚归，兢兢业业。但越是这样，我们越要抽出时间来陪孩子。

列夫·托尔斯泰是 19 世纪俄国最伟大的作家之一，他的《安娜·卡列尼娜》《复活》等，是享誉世界的不朽名著。他很忙，他有很多作品要写，但他从来都愿意牺牲自己的写作时间，给孩子们讲故事。他坐在壁炉前，一边烤着火，一边给孩子们讲故事，讲大自然中的有趣故事，讲身边穷人们的悲惨故事，尽自己的心力为孩子们营造一个健康快乐的童年。

因此，当孩子说"我想听你讲故事！"，我们有什么理由拒绝呢？我们再忙也忙不过托尔斯泰吧！作为家长，我们应该将此当成绝佳的亲子机会。你要通过自己娓娓的讲述，在孩子心目中树立起自己慈爱的形象，加深与孩子之间的理解和感情。

讲故事得有耐心。

德国哲学家雅斯贝尔斯说："教育意味着一棵树撼动另一棵树，一朵云推动另一朵云，一颗心灵唤醒另一颗心灵。"孩子要我们讲故事，实质是提供给我们一个亲子沟通的机会，我们得认真对待。孩子是一个独立的个体，和大人一样需要尊重，哪怕他很小，不懂事。即便拿现成的故事给他读，也应尽力把它读好，尽量用讲述的语气，尽量模仿故事中的角色，适当加些手势和动作，当然，也可以和孩子互动，让孩子参与到故事的讲述过程中。千万不能随随便便念完，然后不管不顾，让孩子受到冷落。

孩子是最聪明的，我们认真与否，孩子看得出来。如果长期敷衍，孩子以后在很多事情上都不会买我们的账。

我现在和女儿的关系很好，我的体会是，不仅要给她提供必要的物质生活条件，更要尊重她，认真相待她的要求。

每次讲故事，我都会认真做准备，好好地给她讲。

选择合适的内容

给孩子讲故事，选择什么内容是第一位的事情。

故事绝对不能太血腥、太恐怖。孩子心智还不成熟，过于暴力、恐怖的故事会伤害他们的心灵，引起他们的恐惧感。他们很有可能因此睡得不踏实，甚至在心理上留下阴影。

大多数孩子喜欢听科幻、神话故事，但具体情况要具体对待，不能一概而论。因为许多科幻、神话故事都带有不同程度的恐怖色彩，有的还很暴力。比如，《哈利·波特》系列中的有些片段就不适合所有的孩子。往细处说，比如一些刺激、惊险意味比较浓的故事，可能适合男孩子而不适合女孩子；适合胆大的孩子而不适合胆小的孩子；适合年龄大的孩子而不适合年龄小的孩子。再者，每个孩子的个性和需求也不一样。作为家长，当然要清楚孩子的内在需求。每次讲故事前，我们可以对故事的内容做一些选择和考量。讲故事是为了让孩子感到快乐。如果因为某个故事的阴森氛围，而让孩子好几天都不敢独自待在房间里，那我们就是失职的。

确定故事的内容并不难。世界上有很多优秀的童话故事，适合讲给孩子听。比如，家长们耳熟能详的《安徒生童话》《格林童话》，里面就有许多受孩子欢迎的故事。其他如法国夏尔·贝洛的《鹅妈妈的故事》（里面有《小红帽》《睡美人》《穿靴子的猫》等名篇），英国奥斯卡·王尔德的《快乐王子》《夜莺和玫瑰》，意大利卡洛·科罗狄的《木偶奇遇记》，美国弗兰克·鲍姆的《绿野仙踪》，法国博蒙夫人的《美女与野兽》，等等，可以根据孩子的个性、特点，选择一些讲给孩子听。

我国的优秀童话故事作家也不少。稍远一点的，有叶圣陶、张天翼、严文井、洪汛涛等；近一点的，有曹文轩、秦文君、郑渊洁、沈石溪、汤素兰等，也广受欢迎。他们的作品在书店和网上都很容易找到，适当挑选一点讲给孩子听，当然是可以的。

我国的历史故事和民间故事同样很多，其中不乏适合孩子听的，可适当选择一些，开阔孩子的视野。

内容的选择要慎重行事。这对家长提出了阅读量的要求。我们应该多读书、读好书，多了解哪些是优秀的、适合讲给孩子听的故事。要想给孩子一碗水，自己得努力装满一桶水。只有这样，我们才有选择的余地。否则，拿什么给孩子呢？

考虑孩子的接受能力

孩子有孩子的特点，和大人不一样，这是人人都知道的道理。

即使不读《儿童心理学》这类书，我们也应该知道孩子都有爱玩游戏、喜欢模仿、希望得到表扬、注意力容易转移等特点。既然如此，我们在与孩子交往的过程中，就要顺应儿童心理，而不是我们想做什么就做什么。讲故事也是如此。

给孩子讲故事，一定要记住，面对的是"孩子"。孩子的集中注意力的时间一般不会太长。因此，选择故事时要仔细掂量一下故事的长度。如果太长，孩子还没听完就不耐烦了。对于这种情况，可以先讲其中相对完整的一段情节，等下次孩子有要求时再接着讲。

讲故事时，要考虑孩子的接受能力，不能依着自己的文化程度和理解力，满嘴成语，孩子肯定听不懂。要用通俗浅显的语言，把一些复杂的现象转换为简单的场景，让孩子一听就懂。否则，孩子听得一头雾水，就不愿再听你讲故事了。

孩子很好奇，讲故事时，会有各种各样奇怪的问题。有些问题我们也回答不出来。碰到这种情况，最好的策略是实事求是，不能不懂装懂，乱说一通，用错误的知识误导孩子。

有一次，我给女儿凌凌讲关于达尔文的故事，她缠着问"人是由什么变的"，我说是猴子变的，她又问猴子是什么变的，如此追溯问下去，我根本回答不出来，于是老老实实承认，这个科学问题很难回答。后来，专门查了资料，给她解释了进化的有关知识。

还有一次，我给她讲一个神话故事，她问："什么是灵魂?"这个问题太难了，我谈了一点精神和肉体方面的知识，到底还是无法解释清楚。我对她说："这是个很难回答的问题。对于灵魂的研究，现在也还没有定论。每个科学家或哲学家可能都有不同的看法和答案。我实在回答不出来。"她看着我，表示理解，感叹道："太难了！"我讲这么多，要表达的无非是"知之为知之，不知为不知"，这个世界上有很多知识是我们所不知晓的。在孩子面前承认自己的"无知"，不是出丑，而是真诚。

孩子向你提问，你也可以给孩子提问题。讲故事时，可以多问孩子几个"为什么"，促使孩子去思考、去想象，锻炼逻辑思维能力。比如，给孩子讲《丑小鸭》，你可以随着情节的发展问出一系列问题：丑小鸭长得那么丑，你觉得它是一只鸭子吗？很多动物都不喜欢和丑小鸭在一起玩儿，嫌它丑，假如是你，你会这么做吗？丑小鸭经过漫长的等待，最后变成了白天鹅，没有人讨厌它了，你认为一个人是内在的品质重要呢，还是外表重要？等等。通过这些问题，启发孩子思索，进而发掘故事的深层意义，使孩子得到更多教益。

尝试编故事给孩子听

还可以尝试编故事给孩子听。

列夫·托尔斯泰是这方面的高手，他给孩子们讲的故事，有许多是自己编的，十分精彩，孩子们听得如醉如痴。我们不能与世界文豪相比，但我们有自己的优势，自己的孩子自己最熟悉，我们可以把孩子熟悉的人物、事件和环境编进故事里，孩子一定会非常欣喜。听到自己在故事里的表现，总是一件很惬意的事情吧。

我一直在做这样的尝试，从女儿凌凌两岁多上幼儿园开始，我就经常给她编故事听。她有一个表姐、一个表哥，曾经在我们家住过一阵子，表姐叫静静，表哥叫远远。凌凌要求把表姐、表哥编进故事里。大多数时候，是她出题目，比如，《三位小朋友做面包》《三位小朋友骑自行车》等，都是平常生活。我编了故事，讲给他们听，孩子们听了很开心。我对讲过的一些故事做了整理，有的还发表在童话杂志上。现在凌凌上了小学，自己能够独立阅读，出题目让我讲故事的时候少了，但有时还会让我再讲讲"三位小朋友的故事"，重温往日时光，似乎乐趣无穷。

这里先看一个我编给凌凌听的《梦游南极》的故事。

梦游南极

这是个炎热的夏天。

静静、凌凌穿着薄薄的裙子，远远打着赤膊。他们还觉得很热，汗水"滴答""滴答"地往下滴。

中午，外婆让他们睡到阁楼上，那里凉快些。

外公特意把电风扇搬了上去。

三位小朋友躺在阁楼上，让电风扇的风吹着自己，炎热消除了一些，舒服多了。

不知什么时候，三位小朋友发现自己来到了南极，到处是白茫茫的一片，不是冰就是雪，分不清东南西北，根本不知往哪儿走。

大家正不知道怎么办时，一个声音从冰块后传了出来："小朋友，你们好！"

顺着声音望去，大家看到一只美丽的企鹅一摇一晃地走了过来，它自我介绍道："我叫冰企，是南极大陆最常见的住客。欢迎你们来这里做客。"

三位小朋友跟着冰企往前走，一会儿就走进了一座冰窖里面。冰企停下来，请大家坐下。它说："这是我的住处，我们先弄点儿喝的。"

冰窖周围都是冰，但一点儿都不冷。

冰企给三位小朋友煮了咖啡，还端来了几味精致的点心，大家吃得很开心。

远远似乎还不满足，他问冰企："冰企大哥，您这里还有什么好吃的吗？"

冰企说："当然有，我们吃冰激凌吧。"冰企走到另外一座冰窖里，拿了几个冰激凌出来，有水果味的、巧克力味的、蔬菜味的，静静和凌凌一人吃了一个，远远一口气吃了三个，嘴边和脸上到处是冰激凌，他的样子逗得大家都笑了起来。

在南极吃冰激凌，这种体验可是从来都没有过的啊！

凌凌喜欢读书，她问冰企："冰企大哥，您这里有童话书吗？"

冰企笑了笑，带着他们来到一间冰窖。

哇，这间冰窖就是一个小型的图书馆。里面放着一排一排的书架，有来自世界各地的童话书，并且有各种各样的绘本，有几排书架上专门放着介绍南极和企鹅生活的绘本。

凌凌感觉到了一个知识宝库，她和静静、远远一起看了好多书，了解了不少南极的知识。

"我们去抓鱼吧！"冰企提醒大家道。

三位小朋友看了好久的书，正好有些累了。他们和冰企走出冰窖，外面的空气真冷啊！

"今天的晚餐我们吃鱼！"冰企一边说着，一边一摇一摆地走到冰沿上，下面就是蓝蓝的海水。

远远拿着一个桶，静静、凌凌站在一边看着。

只见冰企纵身一跳，跳入冰冷的海水中。

看着溅起的海水，凌凌打了一个冷战，似乎自己也跳进海里了。

不一会儿，冰企浮出水面，嘴里叼着一条大鱼，非常肥美，远远把鱼装进桶里，冰企又潜了下去。这样来来回回，桶里很快装满了鱼。

冰企跳上岸，抖了抖身上的水，也带着小朋友一起往回走。

走过一个下坡的时候，冰企把肚皮贴在地上，朝前滑行起来。

三位小朋友觉得冰企的样子既可爱又好玩，也学着它的样子滑起来。可是衣服贴在地上，一点儿也滑不动。

冰窖边上，有一块很大的平地。静静眼尖，发现有一些红红绿绿的东西点缀在上面。她大叫起来："是鲜花吗？"回头一想，不可能啊，南极这么冷的地方，怎么会有鲜花呢？

走近一看，原来是一些废弃了的方便面塑料袋，乱七八糟地扔在那里，真难看！

冰企说："你们人类每年有几万人来到南极，可是有的人却不注意保护环境，破坏了这里的环境，让我们企鹅住在这里也不那么舒服了。"

它看了三位小朋友一眼，三位小朋友互相望了望，有些不好意思起来。

晚餐的鱼非常美味。

冰企的厨艺很高超，有煎、有炸、有炒、有烤，三位小朋友吃得十分开心。

特别是有种鱼叫南极鳕鱼，肉特别白、特别嫩，好吃极了。

远远吃得肚皮圆圆的，鼓得高高的，他拍了拍肚皮，咂巴咂巴嘴巴，心里很满足。

"咂什么嘴巴？又梦到什么好吃的了？三个小懒虫快起床啊！都下午4点钟了，睡这么久！"外婆大声叫道。

三位小朋友醒来了，一看，还在阁楼上，风扇正吹着风。

原来是一场好梦啊。

大家看看远远，只见他的枕头边湿了一大块，梦中流了许多口水，一定是"吃"南极鳕鱼吃得太多了。

远远怪外婆："都怪您把我叫醒，我的鳕鱼还没吃完呢。"

外婆看了看大家，一脸迷惑，她哪里知道大家做了什么梦呢？

故事里有凌凌熟悉的人，她感到很亲切，非常爱听。

当家长的都可以自己编一些故事讲给孩子听，孩子一定很喜欢。

注意训练讲故事的技能

德国哲学家本雅明说过一句很精彩的话，大意是，讲故事的人是导师和智者，他的故事闪耀着柔和的烛光，徐徐燃尽他生命的灯芯。这句话讲得真好。作为家长，本身担当了孩子人生引路人的角色，所以给孩子讲故事不能随意而为。家长是一位导师、一位智者，肩上担负着指引和导向的重要责任。

如何让你的故事闪耀着柔和的烛光？没有其他办法，唯一的途径

13

就是训练自己。怎么训练?

第一,训练把握情节的能力。给孩子讲的故事,篇幅有长有短,情节有复杂有简单,但不管是什么样的故事,肯定有一个核心情节。作为讲述者,要引起孩子的兴趣,就一定要突出这个核心情节,抓住孩子的注意力,加深孩子对故事的理解和记忆。

有一次,凌凌让我给她讲《狐假虎威》,在读完了前面的情节后,我特别突出了"狐狸神气活现,摇头摆尾;老虎半信半疑,东张西望"这个情节,着重强调了狐狸和老虎之间的对比关系,再引出"大大小小的野兽吓得撒腿就跑"的结果。凌凌很容易就理解了狐狸的狡猾,知道它是在借老虎的威风吓唬其他动物。

第二,注意讲故事的语气。给孩子讲故事,传递的是爱。因此,讲故事要带着感情,不能呆板地去念书。对于故事中的角色,最好能模仿其神态和语气,增强真实感和吸引力。比较简单的方法,就是去买一些《孙敬修爷爷讲故事》《鞠萍姐姐讲故事》之类的光盘或磁带,听一下这些名人是怎么讲故事的,揣摩一下他们的语气和韵味,从中获得启发。网上也有比较多的视频和音频资料,可以收集一些,作为参考。

第三,训练手势和动作。一个好手势和动作,能表达非常丰富的情感和内涵。看过话剧的人都知道,演员的动作是表现人物性格不可或缺的一部分。我们不能用话剧演员的标准来要求自己,但在讲述中,适当加入一些手势和动作是完全可以的。

讲故事有"文讲"和"武讲"的区别:"文讲"动作幅度小,语言表情含蓄,适用于日常生活故事、神话故事、民间爱情故事等;"武讲"表情、动作夸张,适用于战斗故事、侦破故事、历史故事等。这是专业要求。我们普通家长一般都只能算是"业余"水平,只要根据自己的表现才能,适当加些手势和动作就行了,以增加故事的吸引力。我在给凌凌讲《卖火柴的小女孩》时,不时做出划火柴取暖的动作,身体瑟瑟发抖，让她感到小女孩真的很冷、很可怜。讲《龟兔赛跑》时，我夸张地做兔子跑得飞快和乌龟慢速爬行的动作，给凌凌留下深刻的印象，她不仅被逗得大笑，而且还开心地模仿我的动作。

第四，"眼睛是心灵的窗户"。讲故事时，要注意用眼神和孩子交流，既不能老盯着故事书不放，自己讲自己的，也不能东张西望、目光散漫。否则，孩子会觉得你心不在焉。当然，更不能眼睛紧紧盯着孩子，看得孩子心里发毛，如坐针毡，把听故事这么快乐的事情变成了苦差事。一定要记住，我们是在"讲故事"或者"编故事"，而不是在"读故事"。在讲述过程中，要细致观察孩子的反应，不时和孩子用眼神交换意见，达到心灵的交流。澳大利亚的故事专家苏珊·佩罗认为，眼神交流是人类之间独有的互动。家长要用好"眼神"这个独特的互动手段。

讲故事是最常见的行为，也是一门学问。全国妇联人才开发培训中心的一位专家指出，尽管很多家长和幼儿教师经常给孩子讲故事，但基本停留于"念书"的水平。就是说，他们还没进入"讲故事"的状态。这也提醒我们，为了孩子，每个家长都应好好地学习讲故事，努力做一个优秀的"讲故事的人"。

第二章

正确认识故事的妙用和魔力

先讲一个小故事。

神童与爱因斯坦

　　一个母亲带着她九岁的神童儿子去见爱因斯坦，向这位全球公认的最聪明的人讨教如何让她的儿子在数学方面更上一层楼。爱因斯坦说："给他讲故事吧。"

　　这位妈妈依然缠着爱因斯坦，讨问教育儿子数学方面的问题。爱因斯坦说："如果你想让孩子聪明，就给他讲故事；如果你想让他拥有智慧，就给他讲更多的故事。"

爱因斯坦的说法或许有些夸张，但不可否认，故事的确能够传授知识，引导孩子思考，促进孩子的智力发展，完善孩子的品格和情商。

恩格斯曾经用深情的语调描述民间故事的功用，他在《德国的民间故事书》中指出："民间故事书的使命是使一个农民做完艰苦的日间劳动，在晚上拖着疲乏的身子回来的时候，得到快乐、振奋和慰藉，使他忘却自己的劳累，把他的硗瘠的田地变成馥郁的花园。民间故事书的使命是使一个手工业者的作坊和一个疲惫不堪的学徒的寒伧的楼顶小屋变成一个诗的世界和黄金的宫殿，而把他的矫健的情人形容成美丽的公主。但是民间故事书还有这样的使命：同圣经一样培养他的道德感，使他认清自己的力量、自己的权利、自己的自由，激起他的勇气，唤起他对祖国的爱。"

其实，童话故事对于孩子来说，也具有如此巨大的威力。

据记载，世界上有许多名人小时候都受过童话故事的教育和熏陶。德国大诗人歌德从两岁开始母亲就经常有意识地为他讲故事；列宁的母亲经常为他讲民间故事；爱迪生的父亲常讲神奇的童话故事给他听；高尔基的外祖母经常为他讲民间传说；鲁迅的保姆长妈妈多次讲古老的寓言给他听，还送他《山海经》……这些名人后来的成功，与小时候听故事的经历有着千丝万缕的联系，故事在孩子早期的成长过程中是不可或缺的精神食粮。

让我们来领略一下讲故事的妙用吧！

传播各类知识

故事是一个很好的知识载体。

要知道，故事产生之初就承载了传递知识和经验的功能。关于故事的理论告诉我们，在没有文字之前，历史是靠人们的口口相传来记载和传播的。在原始社会，除了结绳记事等初级手段，人们还通过故事保存资料和传递经验，故事一开始就在教育方面起着重要作用。

到了今天，故事传播知识的功能也并没有减弱。孔子说，读《诗经》可以"多识于鸟兽草木之名"。听故事，同样可以达到这个目的。并且还不止这些，政治、经济、文化、天文、地理、历史、科技等知识都可以装进故事这个大筐里，通过你的讲述传递给孩子。

我给凌凌讲过很多知识性的故事，有些是借助故事书讲的，有些是查阅资料弄懂后再讲的，如《昆虫记》《恐龙世界历险记》《地震求生记》《南极大冒险》《十万个为什么》等书中的故事，里面涉及生物、地质、科技等多种知识。未知的世界激起了孩子的浓厚兴趣。讲述中，我尽量用凌凌听得懂的语言来描述，她每次都听得津津有味。

有一次，我给凌凌讲《猫和老鼠》系列中那个《飞向火星》的故事。汤姆猫和杰瑞鼠天天吵吵闹闹，在追逐打闹中，意外搭上了飞向火星的飞船。在飞船上，它们闹出了许多笑话。到了火星后，碰上了外星人，并且把外星人引到了地球上。最后，它们合力打败了外星人，拯救了地球。整个故事紧凑有趣，凌凌听着，不时发出清脆的笑声。同时，她也提出了一大堆问题。比如火箭为什么能飞啊，汤姆走出飞船会不会死啊，它们在火星上为什么要戴"头盔"啊，火星上是不是真的有外星人啊……对这些问题，我有些答得上来，有些答不上来，对于答不上来的，我都会查了资料后，一一解释给她听。

一个偶然的机会，我到一家核电公司参观考察。核电技术是一种高科技，很前沿。回家后，我和凌凌说起参观的事，她缠着要我讲核电技术。我对这种技术原来没有接触过，完全是外行。碰巧的是，刚好这家公司用童话故事的形式写了一本宣传小册子——《跟比酷一起梦之旅》，通过几位小学生的奇幻经历，生动地介绍了核电的产生原理和发电过程。我熟读了这个故事，并收集了一些资料，然后讲给凌凌听，回答了她提出的问题，使她对核电有了初步的了解和印象。

此外，我还给凌凌讲过《中国历史小故事》《中国民间故事》以及一些外国故事，让她了解人文、历史、民俗等方面的知识。

故事是传播知识的有效载体，但用故事传播知识，毕竟跟课堂传授知识不一样。故事趣味性强，听故事的过程轻松休闲，知识的授予是不知不觉中进行的。需要注意，讲故事不能像在课堂上一样，强迫孩子接受某种知识，一定要照顾孩子的兴趣所在。

听故事是知识之旅，更应该是快乐之旅。

拓宽视野，培养想象力

故事如同一扇窗，通向一个丰富多彩的世界。透过这个窗口，孩子能够得到多方面的锻炼。

正如美国一位故事家所说，听故事能够打开那些直接教育无法触及的区域。故事的内容包罗万象，有许多是孩子未曾接触过的。对于这些未知的世界，孩子会开动脑筋去想象，使想象力得到充分的锻炼。

以世界知名童话故事《绿野仙踪》为例，故事中美国堪萨斯州的小姑娘多萝茜，被龙卷风卷到了一个陌生的地方，她怎么回家呢？按照女巫的指点，她到翡翠城去找奥芝国大魔术师，想请她帮忙送回家。一路上，她先后遇到了稻草人、伐木的铁皮人、胆小的狮子，他们互相帮助，克服重重困难，最后都实现了自己的愿望。

听了这个故事，孩子能够了解故事中的情景到底是什么样子的，故事中的角色是怎么克服一个一个困难的。孩子将用自己的想象力在脑海中拼贴起一幅幅精彩的画面来。特别是这个故事里还有一些神奇的事物，例如，会飞的猴子、能够帮忙搬东西的老鼠、让人发晕的罂粟田、美丽的瓷器城，等等。当讲述这些情节时，孩子会展开想象的翅膀，在这些神奇的场景里遨游。

故事是培养孩子想象力的最佳材料。讲故事对丰富和发展孩子的想象力，是大有裨益的。

提升注意力和表达能力

孩子毕竟是孩子，他们的注意力不会那么集中。讲故事是一个锻炼孩子注意力的好办法。如果听到感兴趣的故事，孩子就会被故事的情节所吸引。凌凌三岁时比较爱动，我这时恰好又经常出差，没有时间管她。为了训练她的注意力，我和她约好，每天晚上在电话里给她讲几个故事，其中有许多是我编的关于她和表姐、表哥的故事。由于感兴趣，在听故事的时候她非常认真和专心，还不时提问，每当讲完一个，常常要求"再讲一个"，精神高度专注。实践证明，讲故事是集中孩子注意力的一种有效手段。

讲故事对提高孩子的语言文字表达能力有明显的促进作用。一般来说，童话故事的语言比较简洁、活泼、通俗易懂，里面包含不少日常词汇。孩子经常听故事，会模仿其中的一些词语和语句。这样，孩子的头脑中就会储存大量的语言信息，对他以后提高语言文字表达能力将达到事半功倍的效果。

对一些不懂的词语，许多孩子还会刨根问底，直到弄懂为止。有一次，我给凌凌讲历史故事《赠言》，说曾子离开齐国，晏子去送行，晏子提供两种礼物给曾子选择：一种是一辆车子；一种是一段话。曾子选择了一段话，于是晏子讲了一番做人的道理，送给曾子。故事还没开讲时，凌凌就问："'赠言'是什么意思？"我赶紧给她解释："赠言就是送别时送给朋友的话，大多数是勉励或忠告。"等讲完这个故事，"赠言"这个词语的意思凌凌就完全懂了。有次我要出差，临出门时，她拉住我的手说："老爸，要不要我给你一个'赠言'。"这个表达充满了活学活用的味道。

故事听得多，孩子对文字、词语、句子的接触、积累自然会增多，说话、写文章都会有长进。有一次，我在聊天中提到印度这个国家，凌凌接口说："我知道，印是印章的印，度是温度的度。"又有一次，凌凌趴到茶几底下去捡乒乓球，出来后，发了一声感叹："我费了九牛二虎之力。"这些使用字词等语言方面的长进，和故事听得多不无关系。

有位专家说，听过很多故事的孩子，除了表现出发音更准确、词汇更丰富以外，还表现出能准确把握一些组词或造句的规律。确实，通过长期听故事的潜移默化，孩子的口头表达能力和书面表达能力都会有所提高。

故事是孩子学习语言的好教材。

激发阅读兴趣

听故事能够促进孩子阅读。

现在流行一个育儿理念：快乐阅读从听故事开始。这是很有道理的，因为听故事可以激起孩子的阅读诉求。

刚开始，孩子识字不多，靠家长讲故事给他听。但如果经常听故事，被故事所吸引，就会激发他阅读故事的欲望。一旦他能够阅读简短平易的故事，那种兴奋感和成就感是单纯听故事所无法比拟的。在这个基础上，他将认识更多的文字，然后再去看更多的书，形成一种良性循环，这种结果是大多数家长愿意看到的。

凌凌很小的时候，我就讲故事给她听，有时拿着书讲，一边讲一边给她指认一些字。大约五岁时，凌凌已经能独立阅读简单读物了。现在，凌凌每年阅读100本左右的故事书和其他读物，我想这对她的学习是有帮助的。

帮助塑造孩子品格

哲学家萨特说："故事创造一种世界观，一种人生价值。"这句话说出了故事的最大功用。

大多数童话故事蕴含丰富的道德自律和利他精神，如善良无私、重义轻利、宽以待人、必要时舍己为人等，这些"正能量"对孩子品格的塑造一定会起到积极作用。

一位小朋友听完《绿野仙踪》后，说出了这样的话："多萝茜占据了我的思想。她那勇敢的表现、善良的心地、坚强的意志，让我感到自己很渺小，为自己的懦弱而很不好意思。我决心像多萝茜一样鼓足勇气，用不懈的追求和奋斗的精神来面对各种困难，克服学习上、生活上的一切不利因素，勇敢地挑战自我，我相信我一定能做到。"

这是多么明显、直接的促进！故事的伟大之处，或许就在这里。

听《白雪公主》《灰姑娘》，让人知道什么是丑、什么是美；听《小红帽》《狼和小羊》，让人知道什么叫凶恶、什么叫无助；听《卖火柴的小女孩》，让人知道要有同情心，珍惜美好生活；听《皇帝的新装》《狼来了》，让人知道要守住诚信，不能撒谎；听《三只小猪》，让人知道做什么事都不能图方便、偷懒；听《守株待兔》，让人知道不能老是等着天上掉馅饼……

各种各样的故事汇总在一起，就是一本永远讲不完的品格塑造教科书。

这里举一个实例。

我们这一代当家长的，许多人有农村生活经历，即使在城市里长大的，基本上也帮家里干过不少活儿。但现在的孩子就不同了：一是因为大多数孩子是独生子女，相对来说家长比较"爱护"，不会给他多少活儿干;二是如今的家务活儿本来就不多,似乎没有什么活儿可给孩子干。这样一来,孩子的劳动意识就较为薄弱。我们家的凌凌刚开始也一样。这可不行!但又不能训诫或强制孩子去干活儿啊,得想个办法激发她干活儿的兴趣。于是,我编了一个《我们都会做家务》的故事讲给她听。

我们都会做家务

夏天的时候,外公、外婆每天有忙不完的事情。大清早,外公就到稻田里或菜地里干农活儿,外婆在家里做饭、养猪、喂鸡,也要干很多很多活儿。

看着外公、外婆这么忙和累,静静、远远和凌凌心疼极了,他们想尽自己的能力帮外公、外婆做点儿事情。

这一天,事情特别多,吃完午饭后,外公顶着大太阳又去田里干活儿了,外婆正在剁猪草,满头大汗。静静、远远、凌凌走到外婆跟前,静静说:"外婆,您和外公这么忙,我们能帮您做些什么吗?"

外婆听了,夸奖他们:"孩子们真好!知道帮外公、外婆分担家务了。我看这样,静静大一些,把午餐后的碗都洗了吧;远远作为小男子汉,去杂物房把大缸里那条黑鱼捞出来,外公干了一天活儿,晚上我们熬鱼汤喝,慰劳慰劳外公;凌凌年纪小一点,做一件容易点的事,去鸡舍里捡几个鸡蛋出来,晚上炒了吃。"

静静、远远和凌凌按照外婆的吩咐,分别去执行自己的任务了。

静静原来就干过洗碗的活儿,洗碗对她来说不是什么难事。

她熟练地把桌上的碗堆成一摞,大碗在下、小碗在上,堆得很高。只见她把那摞碗抱起来,一边哼着小曲,一边不紧不慢地往厨房里走。

那碗实在太高了，加上静静认为自己有经验，有点儿不把洗碗这件事放在心上。

靠近厨房洗碗池的地方，有一根小小的木柴，因为大意，静静没看到，走到洗碗池边，正要把碗放下来时，她的脚踩在了小木柴上。

稀里哗啦——静静摔倒了，碗全部摔到了地上。好在静静眼疾手快，在跌倒的一刹那，她扭动了一下身子，让背先着地，那些碗贴着她的胸口一个一个滚到地上，居然一个都没有打烂。

"好险！"静静爬起来，心里感叹了一下，有些后怕。

外婆听到声音跑进来时，静静已经把碗收拾进洗碗池里，放上水、加上洗洁精，开始洗了起来。

外婆问："发生什么事了？"

静静怕外婆担心，笑了笑，说："没什么，只是轻轻摔了一下。"

外婆问："没摔伤吧！"

静静："没有，您就放心吧！"

外婆："没摔伤就好。碗打烂了可以再买，人摔坏了可不得了。要记住，任何时候，人都是第一重要的。"

静静点点头，继续洗碗。她洗得又快又干净，真是外公、外婆的好帮手！

远远这时已经趴在大缸边上抓鱼了。

缸子里只剩下一条黑鱼了，目标很清楚。

远远打着赤膊，把捞网往缸子里一伸，黑鱼立即被捞进了网里。远远用力把捞网举过头顶，然后放到地上。

黑鱼在捞网里跳来跳去，一点儿也不愿意平静下来。远远扑了过去，用胖胖的身子压住黑鱼。

他想，这一下，黑鱼肯定动不了啦！

可黑鱼仍然在他的身子底下不断地挣扎，滑腻腻的，特别是它的尾巴不停地摆动，拍在远远的肚皮上，远远被拍得肚皮痒，忍不住哈哈大笑，翻到一边去了。

远远歇了一会儿，喘了口气，继续去抓鱼。这一次，他改变了方法。他把捞网掀开丢到一边，两只手紧紧抓住鱼，抱在胸前，赶紧往外面跑。他想告诉外婆，他已经完成任务了。

黑鱼的力气太大了，远远奔跑的时候，黑鱼在不停地扇动着尾巴，头也在不停地扭动。

外婆看到他跑过来，赶紧迎上来，想帮助远远接住黑鱼。谁知道，刚伸出手，就听到"啪"的一声，黑鱼的尾巴用力一甩，打在远远的肚皮上。远远心里一惊，脚下一滑，摔了一个大屁蹲儿。黑鱼掉在地上，在那里乱跳。

这时外公从地里回来了，他捡起了黑鱼，黑鱼还在挣扎。外公手上一使劲儿，抠住了鱼腮，无论黑鱼怎么挣扎，外公都抓得稳稳的。外公可真是抓鱼的行家啊！

外婆赶紧扶起远远。还好，远远没有受伤。外婆表扬远远："这条黑鱼很大，远远能抓起来，已经很不容易了。外公抓它都有些费力呢！"

"咯咯咯……"一只母鸡叫得正欢。

远远摔倒的时候，凌凌爬进了鸡舍。

外婆家的鸡舍很矮小，黑里咕咚的。鸡们每天早上出来，晚上回去，母鸡白天要下蛋时也会回到鸡舍里。

凌凌在鸡舍里闻到一股腥臭味。那是鸡拉的屎，以及鸡舍里各种杂物混合后散发出来的气味，实在是难闻极了。

爬了几步，凌凌伸出手去，感觉摸到了一个毛茸茸的东西。她想，一定是刚才下蛋的那只母鸡。还没来得及反应，凌凌觉得头上挨了三下"爆栗"。母鸡在啄她呢！然后，只听一阵"咯咯咯"的叫声，母鸡从凌凌身边扑腾着翅膀跑出了鸡舍。

凌凌摸了摸头，感觉不是很痛。她把手伸向了母鸡刚才躺的地方，嘿嘿，好几个鸡蛋，有一个还是温热的，肯定是新下的。

凌凌拿着四个鸡蛋爬了出来，每只手拿两个。一出鸡舍门口，外公、外婆和静静、远远都围了上来。他们一见凌凌的样子，都大笑起来。

凌凌的头发乱蓬蓬的，脸上沾了不少脏东西，成了小花脸，样子真滑稽。

凌凌自己也笑了，她把鸡蛋交给外婆。外婆说："凌凌完成了任务，真不错。不过，这样捡鸡蛋可不行。如果外公、外婆也这么捡鸡蛋，鸡舍的门太小了，怎么爬得进去啊！"

外公掀开了鸡舍顶上的一块木板，木板下面正好是母鸡下蛋的地方，一伸手就可以把鸡蛋拿出来。

凌凌吐了吐舌头，做了一个鬼脸，说："谁叫你们不早告诉我啊！"

晚餐很丰盛！

外婆做了黑鱼汤、韭菜炒鸡蛋等菜肴，好几大盘子。

静静、远远、凌凌吃着晚饭，想着这里面有自己的一份功劳，感觉这饭菜可真香啊！

这个故事，讲述了孩子们的劳动，展示了劳动带来的成果和快乐。我在给凌凌讲述时，当然顺便讲了好孩子应该爱劳动的一些道理。对这些道理，凌凌很快就领会了。故事讲完后，我问："如果爸爸洗碗时要找一个助手，谁来当啊?"凌凌答："我来当!"可见，用故事教给孩子一些做人处世的道理，培养他们的美好品行，是有一些效果的。

一位育儿专家指出，在童话故事中，孩子们能学到好与坏、真与假、善与恶、同情与反感等，可以培养孩子的道德判断力与价值观，可以丰富孩子的情感，开启智慧的大门。

书评人思郁说："在认识字以前，童话故事是我们第一次接触到的语文，在长大成人离家以前，也是靠童话第一次接触社会的雏形。童话教导我们阅读、书写和是非对错。童话引领我们跨入真实世界的能力，并提供终生受用的功课。"

故事在培养孩子品德方面的魔力是不可低估的。

教孩子不能"踩红线"

世界上有许多事情是不能去做的，但孩子可能不懂得，他的人生经验有限，不知道哪条是红线、哪条是底线，也不知道什么叫危险。要让孩子知道这些，除了日常的言传身教外，用故事教孩子需要注意哪些禁忌，不失为一个好办法。因为故事生动形象，孩子听得懂、记得牢，比一般的命令和说教要好。

大多数孩子都爱跑爱跳爱运动，凌凌也不例外。这本来是好事。可是，她胆子较大，不太注意安全，不知道保护自己，比如敢爬树，敢从墙上往下跳，玩滑轮速度飞快……结果，经常摔跤，手、膝盖等部位常常青一块、紫一块。有一次她从单杠上摔了下来，流了不少鼻血，脸摔得青肿。我和她妈妈说过她多次，她每次都答应得好好的，但一玩起来又忘记了。于是，我尝试给她讲贝贝熊系列故事中的《安全第一》。

安全第一

　　小熊妹妹和小熊哥哥玩滑板的时候不喜欢戴护具，可每次妈妈都要求他们戴上护具。他们去学校玩滑板的时候，发现学校居然禁止玩滑板，他们只好往回走。

　　路上，兄妹俩碰见了大高个儿一伙，大高个儿邀请他们去他的滑板场。但有一个条件，就是"禁止戴护具"。小熊兄妹同意了。在滑板场，大高个儿等人由于没有护具保护，摔了个昏天黑地。小熊兄妹发现很危险，就回家了。

　　小熊妹妹和小熊哥哥通过亲身经历，懂得了"事先预防总比事后遗憾好"的道理。最后，熊爸爸和其他人一起，帮助孩子们建起了新的滑板场，这里只有一个规则：必须戴护具。

　　这个故事比较生动地揭示了"安全第一"的道理。凌凌听了，觉得安全问题确实重要。以后，每次想玩什么危险动作时，我只要说一声"安全第一"，她就停下来想一想，思考能不能玩。这个故事的警示作用是很明显的。

　　利用故事教育孩子，效果当然比说教好。年龄小的孩子有时会无理取闹，用什么办法都哄不好。这时不妨给他编个故事。有位妈妈曾在博客里介绍经验，她家的孩子痴迷零食、不肯好好吃饭，多次教育无效。于是，她编了一个宝宝零食王国历险的故事："那个王国有很多很多零食，想吃什么就吃什么，想要什么就有什么……"当孩子向往不已时，这位妈妈开始加入惊险情节，让孩子在零食王国历起险来。故事讲完，孩子注意力转移了，不再嚷着吃零食，不知不觉中还了解了多吃零食的害处。时隔几天，孩子"我要吃冰激凌"的口号变成了"妈妈，我们再来讲零食王国的事情吧"。一个故事，改变了孩子的想法和行为。

　　教育孩子讲规矩、懂规范，是家长的责任，但孩子不欢迎生硬的命令和训斥，给孩子讲故事是一个不错的选择。在故事里告诉孩子哪些事情能做、哪些事情不能做，哪些规则必须遵守、哪些红线不能踩，容易在孩子心中留下较深的印象，有助于他们成长为一个遵纪守法、遵循社会规范的人。

营造氛围，拉近亲情

故事是拉近家长和孩子之间亲情的有效媒介。

理想的家长和孩子之间的关系是怎样的呢？这没有定论，但是可以肯定的是，有两种极端是要不得的。一种是完全服从型。家长有什么要求，孩子不折不扣执行，从不讨价还价，从不抵抗和反驳。不是经常有媒体爆出"狼爸""虎妈"的新闻吗？或者，孩子有什么要求，家长无条件满足，不考虑其是否正当、是否合理。另一种是完全忽略型。家长因为自己忙，对孩子的要求视而不见。久而久之，孩子也不理家长，关系弄得很僵。这两种类型，看似极品或奇葩，但在当前迅速发展变化的社会里，经常会出现这样的现象。我想，只要稍微理智一点，没有人想把自己的家庭弄成这个样子。

关于怎样当好家长，鲁迅先生早在 1919 年就写下《我们现在怎样做父亲》一文。他说，当父亲的虽然肩背着因袭的负担，但应该"肩住了黑暗的闸门"，放孩子"到宽阔光明的地方去；此后幸福的度日，合理地做人"。这个要求比较崇高，不太好操作。

汪曾祺先生有一个很好的说法，他认为父亲和孩子是朋友，应该尊重孩子。他说："儿女是属于他们自己的。他们的现在，和他们的未来，都应由他们自己来设计。一个想用自己理想的模式塑造自己的孩子的父亲是愚蠢的，而且，可恶！另外作为一个父亲，应该尽量保持一点童心。"这个说法饱含着汪老先生的人生体验，是很有道理的。

学者梁济是著名哲学家梁漱溟的父亲。梁漱溟小时候比较顽皮、执拗，九岁那年，他将自己积蓄的一小串钱（当时用的是铜钱，用麻线串起来的）弄丢了。他到处询问，找人吵闹。隔了一天，梁济在庭前的桃树上发现了，知道是儿子自己弄丢的。他没有斥责梁漱溟，也不喊他去看，而是写了个小故事交给儿子。故事大略说："一小儿在桃树下玩耍，偶将一小串钱挂于树枝而忘之，到处向人寻问，吵闹不休。次日，其父亲打扫庭院，见钱悬树上，乃指示之。小儿始自知其糊涂。"梁漱溟看了，马上跑到桃树下，找到那串钱，同时不禁自怀惭意。这种"故事教育法"，作用是明显的。梁漱溟到中年回忆这件事时，说："即此事亦可见先父给我教育之一斑。"

多陪孩子，多给孩子讲故事，是当好家长的一条上上之策。并且有好多书本身就是浓郁亲情的题材。荷兰作家阿兰德·丹姆写有一套《小熊和最好的爸爸》的童书，我特意买来当作凌凌的睡前故事。她很喜欢，在听小熊和它爸爸的故事时，也感到我是一个好爸爸。后来，读到了亲子教育专家李一慢评价这套书的文章，他说："我最初购买并带着孩子读《小熊和最好的爸爸》是有私心的，就是想把'最好的爸爸'这个头衔潜移默化地'深入'孩子幼小的心灵。"看来，爸爸们的心思都是差不多的，那就是通过故事拉近与孩子的距离！

事实证明，给孩子讲故事，有利于了解孩子逐渐发展的思想，了解他对这个世界的感受；有利于孩子知道你的想法，把握你的情绪，学习和模仿你的行为；有利于孩子慢慢体会到你对他的爱，增强他的安全感；有利于帮助孩子宣泄痛苦、抑郁、焦虑等情绪，保持心理健康；有利于形成舒畅和睦、亲密无间的家庭氛围……

讲故事对于亲情的培育和加固，是一个非常好的手段。所以，只要孩子有讲故事的要求，我们就应尽量满足他。通过讲故事这个桥梁和纽带，把家长和孩子的关系营造得更加亲密、融洽、和谐。

我坚持不厌其烦地给女儿凌凌讲故事。有时候，在上学路上讲；

有时候，在睡前讲；有时候，在午间休息时讲；甚至，在她还小的时候，她一边上厕所，一边要我给她讲故事。我们父女之间有如此亲密无间的关系，故事所起的作用当然是一个不可忽略的因素。

我希望自己能够如同汪曾祺先生所说的那样，做一个好友式的父亲。

不能过分夸大故事的功用

故事的功用虽然不可小觑，但我们也要认识到故事并不是万能的。

即使我十分看重讲故事这种教育孩子的手段，但理智告诉我，我不能因为自己经常给孩子讲故事，就忽悠读者，无边夸大故事的功能。

故事就是故事。

如果要有一个准确的定位，我愿意用这句话来表达我的意见：故事是帮助孩子健康成长的一种重要的辅助性手段。

在这里，我用了"重要""辅助性"这两个词语。"重要"，是提醒大家不要忽略这种手段；"辅助性"，是指故事不能代替其他教育手段。

比如，要给孩子系统的教育，必须让孩子接受正规的学校训练。学校给予孩子的知识培养，是讲故事所不能比的。要让孩子掌握某项技能，需要给他一定的理论讲授，更重要的是把他放到实践中去磨炼，只有这样，他才能学会这项技能。这也是故事所不能给予的。要塑造孩子的美德和品行，得靠学校、家庭、社会各方面共同努力，讲故事可能在这里面起到一定的作用，但不可能是全部作用。

作为家长，要注意运用讲故事这种手段教育孩子，但不能仅仅依赖这种手段教育孩子。

第三章

开始时故事应该温馨、富有童话色彩

假如你的孩子还小，假如你的孩子是初次接触故事，我想，你一定得抱着一颗谨慎的心，认真地给他挑选故事。

现在的书市，儿童故事书琳琅满目，叫人眼花缭乱，其中有不少优秀作品，同时，胡编乱造、质量低下的也很多。家长必须睁大眼睛，挑选适合孩子的故事。当然，你也可以自己编一些小故事讲给孩子听。

对低龄儿童，故事要讲究通俗易懂、易于理解，充满童趣、健康向上，情节不能太复杂、篇幅不能过长。尽可能激起孩子听故事的兴趣，让孩子听得进、听得完。

这个时期的故事，大约需要注意以下几方面元素。

温　馨

对于初步接触故事的孩子，讲给他听的故事应当是温馨的、可爱的。

有些家长或许比较偏爱情节曲折、刺激性强的故事，但这样的故事还不宜讲给孩子听。孩子的心理承受能力有限，过于刺激的故事可能会引起孩子心理不适。比如，一些恐怖的魔幻故事，会引起孩子的恐惧，导致他不敢一个人待在房间、不敢熄了灯睡觉。

面对低龄儿童，家长是一个全权呵护者。所讲的故事，要让孩子觉得有安全感。故事带给孩子的，应是美好的愿望、快乐的氛围、幸福的憧憬等正面的心理影响。

凌凌很小的时候，我给她编过一些温暖、充满童趣的故事，其中有一个是《小猪过生日》。

小猪过生日

有一天，静静、远远和凌凌到森林里散步，不知不觉走到了好朋友小猪的家门前。

小猪住在一个树洞里，房子周围是翠绿的树叶，看上去漂亮极了。

隔着门，三位小朋友听到里面传来热闹的谈话声。他们爬上窗户一看，只见小兔子拿着一根胡萝卜，正在对小猪说："生日快乐！"小熊拿着一尾鱼，对小猪说："生日快乐！"三位小朋友互相看了看，一拍脑袋："啊，今天是小猪的生日！我们怎么给忘了呢？"

好在时间不算晚，还来得及回家准备。三位小朋友匆匆忙忙赶回家里，找出面粉、鸡蛋和蜂蜜等，自己动手做了一个大大的蛋糕。想起小猪爱吃白菜，他们又到菜地里砍了好几棵大白菜。

他们带上蛋糕和白菜，拿上油、盐、醋和沙拉酱等调料，飞快地跑到小猪家门口。

"咚、咚、咚！"

听到敲门声，小猪赶紧打开门。

"哇——这么大的蛋糕！"看到三位小朋友的礼物，小猪、小兔和小熊同时叫起来。大家点燃蜡烛，齐声唱起了生日快乐歌。

小猪高兴极了。

静静、远远和凌凌把白菜切碎，拌上油、盐、醋和沙拉酱，做成美味的白菜沙拉。大家一起分享了蛋糕，吃起了白菜沙拉。

三位小朋友和小猪、小兔吃得津津有味。

只有小熊有点儿失落，原来小熊不太喜欢吃蔬菜。小猪想了想，从自己的厨房里找到了一罐蜂蜜。小熊看到蜂蜜，眼睛一下子亮了起来，也大吃起来。

小猪过了一个快乐的生日，大家也过了快乐的一天。

讲这个故事的时候，凌凌才两岁多，自然不能讲带有血腥、恐怖色彩的童话。这时，她已经上了幼儿园的小小班，听同学们说过过生日的事，在电视上看过别人过生日的情景，对过生日这件事有印象。当她提出要讲过生日的故事时，我想到这是一个绝好的展现温馨氛围的题材。于是，编了这个童话故事。

这个故事的主色调是"温馨"。三位小朋友和三只小动物在一起，给其中一只小动物过生日，大家同唱生日歌，自己动手做好吃的，这种气氛是多么温馨、和谐、富有爱心啊！

为了增加故事的趣味性，我做了两点尝试：一是把经常和凌凌在一起玩的表姐静静、表哥远远编进了故事里；二是让小熊暂时找不到好吃的，通过小猪才吃到蜂蜜，抖了一个小小的包袱。凌凌听完这个故事后很开心，缠着要我继续讲下去。这说明这个故事是成功的，达到了预期效果。

纯温馨类的童话故事书，现在市面上似乎不多，家长得仔细去挑。就我目前所看到的，《小熊维尼》系列故事是比较好的选择。小熊维尼纯真可爱，笨拙却非常善良，生活简单；常有新奇的想法，有很好的洞察力。小熊维尼和它的朋友罗宾、小猪、跳跳虎、袋鼠妈妈和小豆、兔子瑞比、跳跳虎、骗子伊尔（不同版本中角色的译名会略有区别），非常和睦地生活在一起，它们之间发生了许多故事，都很温馨、有趣。

我基本上通读了小熊维尼的全部故事，大部分都给女儿讲过。有了这么一个可爱的角色，决定了关于它的故事都充满温馨，足以让人感动和回味。像其中《给予是最好的礼物》等故事，真是太有爱了！气氛很温和，角色很顽皮和可爱，没有任何暴力、恐怖等 "儿童不宜" 的成分，这种温暖的童话色彩正是低龄儿童所需要的。

我还给凌凌讲过一个《做面包》的故事，讲的是孩子们在一起做面包的事情，场面很温馨。

做面包

有一天，外婆从街上买回来一袋面粉。外婆家在南方，平时吃的都是米饭。静静、远远和凌凌没有见过白白的面粉。外婆告诉他们，面粉可是个好东西，可以做面包、馒头，可以做饺子、面条，可以做很多很多好吃的。

三位小朋友听了很兴奋，想自己动手做一次面包。他们听过很多外国童话故事，那里面的小朋友吃的都是面包。

做面包可不是件容易的事。三个人商量，让静静先动手。外婆舀出来一勺面粉，让静静先把面粉和好。静静让外婆、远远和凌凌在边上看着她。外婆在边上告诉她怎样和，静静就和呀和，和呀和。和面很费力气，和了一会儿，静静的额头上出汗了。凌凌拿出餐巾纸，给静静擦了擦汗。远远伸手去摸正在和着的面团。外婆看了看说："好像还应该放点儿水，有一点儿干。"

远远反应快，拿起勺子就往里倒了一勺水。外婆和静静同时喊起来："放得太多了。"只见那水在盆子里到处流，把本来有点儿干的面团变成了面糊糊。

静静瞪了远远一眼，正要责怪他，外婆说："这不能怪远远，大家从来没有和过面粉，都没有经验。你们想一想，水太多了，有什么办法可以解决？"

凌凌说："是不是可以把多的水倒掉？"外婆让静静试试看，静静倒出水之后，发现面团还是太软了，因为有的水已经溶入到面里了。

静静说："是不是可以加一点面粉？"外婆点点头。远远舀了一勺面粉放了进去。静静又和了一会儿，果然好多了。

外婆说："现在应该放发酵粉了。"凌凌听见了，拿起外婆身边的发酵粉袋子，往面粉里倒去，"哗啦啦……"一下子倒进去好多发酵粉。

大家全都瞪大了眼睛，一起看着凌凌。这么多发酵粉，不知会做出一个什么样的面包来。凌凌也知道放多了，被大家一瞪，差点儿哭起来。

外婆说："不要紧，不要紧，今天小朋友们第一次做面包，成功不成功都没有关系。重要的是，我们学会了自己动手做东西。"

听了外婆的话，三位小朋友又开心起来。外婆让静静用小勺子把盆里的发酵粉舀出来一些。外婆看了看，说："好了，剩下这些发酵粉足够用了，不用再舀了。"然后，外婆让他们把做面包的事放下来，先去做别的事情。

他们问："为什么？"他们不想做别的事，他们想立即吃到自己做的面包。

外婆说:"和好面后,要放几个小时,让它充分发酵,才能放到烤箱里去烤。"

等啊等,好不容易过了几个小时,三位小朋友来到烤箱前,烤箱是外婆特意买来做面包的。静静把和好的面团放进烤箱里。外婆拧开了开关。过了十几分钟,外婆打开了烤箱。

哇——好大一个面包,比想象中大了两三倍。

发酵粉放多了,面包变得太大了。

远远嘴巴馋,顾不得烫,掰下一块就吃起来。面包的味道有点儿酸,大概是发酵粉有点儿多的缘故吧。远远管不了这么多,吃得津津有味。

看到远远已经开吃,静静也想吃了。凌凌说:"等一下。"她跑进房间里拿了一瓶蜂蜜来。外婆把面包切成四大块,凌凌给每块面包抹上蜂蜜[1],外婆和静静、远远、凌凌每人拿起一块面包。现在,闻到的只有面包和蜂蜜的清香,酸味没有了。大家大口大口吃起来,自己做的面包,吃起来就是香啊!

故事不长,情节也简单,场面温馨。想一想,三个孩子自己动手做面包,这是多么好玩的一件事啊。凌凌那时上幼儿园了,对这种温暖的故事很感兴趣。大概年龄小一点儿的孩子,都喜欢这类故事吧。

世界上的优秀童话数不胜数,但并不是所有的童话都是温馨可爱的。

对于初步接触故事的孩子,凡是著名的童话就合适吗?有人指出,很多经典童话中出现了打斗、伤害、杀人、死亡等残忍的内容。如《灰姑娘》中灰姑娘的继母帮姐妹俩削足才穿上水晶鞋;《白雪公主》里的恶毒王后为了杀掉白雪公主不择手段,令人不寒而栗;《爱丽丝漫

---

[1] 特别提醒:营养学家认为,1岁以内婴儿不可食用蜂蜜,1~10岁不建议长期食用蜂蜜。

游奇境》中的纸牌王后动不动就喊着要杀头;《海的女儿》中解救海的女儿的唯一办法竟是让王子的血滴到她脚上……对这类含有残忍内容的童话故事,是否适宜讲给孩子听,专家们有不同的意见。但我认为,这类故事至少不应讲给年龄过小的孩子听,他们的心理"抗震"能力有限,这些故事或许会对孩子的心理产生潜在的负面影响。记得小时候,家里人给我讲过一个"熊外婆吃人"的故事,此后很长一段时间,在黑夜里我都感到恐惧。

孩子对这类故事的反应是怎样的呢?我查了一下日记,其中2010年1月1日有这么一段:

今天看动画片,中间看到一个有骨头的场景,情形有点儿恐怖,凌凌马上说:我不看这个了。她妈妈说,平时给凌凌讲故事,讲到狼吃小羊一类的情景时,凌凌也说:不听了。

那时,凌凌三岁多一点。通过她的反应可以看到,对一些含有暴力、恐怖情节的童话故事,孩子是有些害怕的。

根据网上报道,美国一项调查发现,2/3的父母会尽量避开让孩子做噩梦的故事。这个调查还评出了不再给孩子念的十大童话故事,它们是:

(1)《汉斯和格蕾特》——两个小孩被遗弃在森林里的情节会吓到年幼的孩子。

(2)《杰克与豆茎》——被认为"太脱离现实"。

(3)《姜饼人》——孩子难以理解姜饼人被狐狸吃掉的情节。

(4)《小红帽》——父母不得不解释小姑娘的祖母被狼吃掉的情节。

(5)《白雪公主和七个小矮人》——"矮人"一词被认为不合适。

(6)《灰姑娘》——故事里描述的年轻姑娘做所有家务活儿已经过时了。

（7）《长发姑娘》——小姑娘被绑架的主题让父母担心。

（8）《纺线姑娘》——念到执行死刑和绑架的情节让人感到不快。

（9）《金发姑娘和三只熊》——传递了关于偷窃的错误信息。

（10）《蜜蜂王后》——有个人物名叫 "傻瓜"。

这个调查的代表性或许还有待商榷，但它显示了家长在故事选择上的慎重，也给我们提供了一个参考。

这更加提醒我们，给低龄孩子讲故事时，要记住 "温馨" 这个元素。

阳　光

现实生活中充满了快乐和悲伤的事情，相应地，在文艺世界里也充满了喜剧和悲剧。喜剧让人高兴、开心，心情愉悦。悲剧对人形成强烈的情感冲击，但其对心灵的作用同样强大。古希腊哲学家亚里士多德指出，悲剧能够 "激起哀怜和恐惧，从而导致这些情绪的净化"（《诗学》）。

故事有悲喜之分。虽然悲剧故事带给孩子的震撼和刺激，可能比喜剧故事要大得多，但对于低龄儿童而言，似不宜讲述过于悲伤的故事。故事带给孩子的应该是积极向上的精神，是充满欢乐和阳光的感觉。

从中国传统文化来说，很多古典小说、戏曲都有一个团圆的结局，喜剧氛围浓一些，留给读者一个光明的尾巴。《西游记》里唐僧带着三个徒弟经过九九八十一难，最终取得真经；《西厢记》里的张生和莺莺，虽然有过曲折，最后还是有情人终成眷属……这样的例子不胜枚举。

即使所谓的悲剧，结局也是美好的。《窦娥冤》里的窦娥在张驴儿、桃杌太守等人的迫害下蒙冤而死，最后窦娥的父亲窦天章作为皇帝所派的"廉访使"，在女儿冤魂的提醒下，重翻卷宗，平反昭雪。《赵氏孤儿》写朝廷忠奸、家族矛盾，屠岸贾要灭赵氏孤儿，程婴毅然献出自己的幼子而保住了孤儿，本来是一个大悲剧，最后的结尾却是孤儿复了仇，显得非常圆满。

我们的传统，我们的心理，都喜欢这种喜剧式的结局。

成人的故事尚且这样，给低龄儿童讲故事，结尾更应该阳光一点，以让孩子抱有对美好的向往和期待。不是说不可以给孩子讲悲剧故事，但最好等他年龄大一点，对社会了解多一点，再讲给他听，效果会更好一些。

很多童话故事都有阳光气息，比如，"丑小鸭"历经种种歧视和困难，最终成长为一只美丽的白天鹅。《绿野仙踪》里的多萝茜和朋友们经过许多磨难，获得了美好的结果。这样的童话，不但故事情节引人入胜，而且基本没有恐怖、残忍的情节，结局都叫人欢喜，符合孩子的心理期待，孩子一般都爱听。

这类故事，除了在经典童话故事中找，现在一些作家写得也不错。我在网上看到一篇《小猪学本领》（作者为邓双良），这个故事就富有阳光的味道。

这个故事通过小猪学本领的过程，阐明了学本领要能吃苦、不能半途而废、不可脱离实际的道理，情节比较有趣，是一个阳光、向上的童话故事，很受孩子们的欢迎。

澳大利亚资深幼儿教师苏珊·佩罗告诉我们，编故事要"给孩子希望，他们还在成长，内心需要希望。孩子的心智不够强壮，还不能承受像地震那样的景象"。

散发着阳光气息的故事，书本、网络上比较多，耐心、细心的家长一定能够找到。

快　乐

追求快乐是孩子的天性。讲给孩子听的故事，不妨快乐一些、搞笑一些。

作为家长，如果多一点幽默细胞，你讲的故事孩子会更喜欢，孩子和你的关系也会更轻松。

作家林语堂说："幽默本是人生之一部分。"

评论家雷达说："幽默是一种智慧，是心灵自由的表现，与呆滞和僵化无缘；幽默是一种解脱，能抚平烦恼，遏制焦躁，回归宽容和善良；幽默是一种润滑，能消除对抗并拉近你和他人的距离。"

写过《绿野仙踪》的美国童话作家鲍姆说："应该让孩子在童话故事中找寻快乐，并且轻松忘掉那些不愉快的经历。"

幽默的童话故事不仅可以让孩子开心快乐，还能在潜移默化中使孩子以乐观的心态面对生活和人生。当然，对于培养孩子的幽默感更是具有直接作用。

所以，给孩子讲故事时完全可以多选择一点搞笑的故事。孩子开心了，做家长的自然也开心。

我曾自编过一个《三只小鸡》的故事，里面加了一些幽默的情节，凌凌听后感到很快乐。

三只小鸡

外婆家的母鸡孵出了一窝小鸡。

小鸡毛茸茸的，在母鸡身边走来走去，就像一个个金黄色的小球在滚动，看上去可爱极了，叫人忍不住想伸出手去抚摸它们。

但是，母鸡是不会让人摸的。

有一天，静静、远远和凌凌看到母鸡带着小鸡们在树底下玩，有一只小鸡掉队了，离母鸡有一点儿远。远远跑了过去，把小鸡轻轻捧起来，想给母鸡送过去。

小鸡不认识远远，以为远远是来抓它的，不由得叫了几声。母鸡听到了，扑腾着翅膀飞快地跑了过来，朝着远远啄起来。

远远吓得大叫一声，赶紧把小鸡放在地上，转身就逃。静静、凌凌也跟着远远，快速逃跑。

母鸡追了一阵，见三位小朋友跑远了，才停下来。

静静、远远和凌凌远远地看着母鸡和小鸡，喘着气，心怦怦直跳。

外婆走过来说："你们现在还不能和小鸡玩。小鸡从鸡蛋里出来后，好长一段时间都由母鸡照顾。这时，如果你们去找小鸡玩，母鸡会以为你们要伤害小鸡，它会拼命保护小鸡，可能会啄伤你们的。"

"小鸡要多久才能离开母鸡啊？"静静和凌凌问。

"大概要一个月。那个时候，小鸡自己能找东西吃了，母鸡就会让它们自己去锻炼成长，独立生活。"外婆说，"到时候，你们每个人可以领养一只小鸡，看谁养得最好！"

"耶！"三位小朋友听了，高兴地叫起来。

很快，一个月过去了。

小鸡的绒毛已经褪掉，全部换成了羽毛，颜色也由原来清一色的金黄色变成了各种各样的颜色。

外婆把静静、远远和凌凌叫到一起："小鸡现在开始独立生活了。从今天起，你们每个人可以领养一只小鸡。一个月后，我看谁的小鸡养得好！"

三位小朋友自己动手挑选，为了避免发生混淆，外婆让大家挑不同颜色的鸡。静静挑了一只小黄鸡，远远要了一只小黑鸡，凌凌领养了一只小花鸡。

为了把自己的鸡养好，静静、远远和凌凌想了很多办法。

静静每天很早就起来，带着小黄鸡去散步。有时候，她自己在前面跑步，让小黄鸡跟在后面跑。

为了锻炼小黄鸡的捕食能力，她经常把小黄鸡带到外婆家的菜地里，让小黄鸡捉菜粉蝶和蚂蚱等昆虫。

小黄鸡太小了，跑来跳去抓不到昆虫。静静就用捕虫网去捕了些昆虫，喂给小黄鸡吃。

有一次，在门前小沟边，静静看到有小鱼在里面游动。她想，如果小黄鸡能学会抓鱼，那该多好啊！那一定是最优秀的鸡了，谁的鸡也比不过！这样想着，她不由得把小黄鸡往小沟边赶。小黄鸡看见水，心里很慌张，脚下一滑，一下子跌了下去。

小沟的水很浅，但小黄鸡吓坏了。两只翅膀一个劲儿地扑腾，嘴里发出"叽叽叽"的可怜叫声，样子凄惨极了。

静静一看不对劲儿，赶紧把小黄鸡救了上来。

后来，外公、外婆和远远、凌凌知道了这件事，都说静静太粗心了。远远对静静说："《小鸡和小鸭》的故事你没有听说过吗？小鸡是不会游泳的。"

静静有些不好意思，她想，以后一定不会这样了。

其实，远远的小黑鸡也没有养好！

远远最爱吃东西，见到美食就流口水。他以为小黑鸡一定也像他一样，是一个小馋鬼。

他吃饭的时候，给小黑鸡喂上一碗饭；他吃菜的时候，给小黑鸡喂上一盘菜；他吃零食的时候，给小黑鸡喂上一些零食。

有时，他也学静静那样，到菜地里去帮小黑鸡捉虫子吃。

有时，他还会给小黑鸡喂上一些青菜。

反正，远远和小黑鸡最明显的活动，就是吃啊吃啊吃啊……

静静和凌凌开他的玩笑，说："远远养了一个小'吃货'！主人也是个小'吃货'！"

养小花鸡的时候，凌凌没有花太多的心思。

她想，我有自己的快乐，小花鸡也应该有自己的快乐；我有自己的兴趣，小花鸡也应该有自己的兴趣；我有人的特点，小花鸡就应该有鸡的特点。

所以，她决定，让小花鸡自然生长。

当然，每天清早起来的时候，凌凌会跑到鸡舍边上，看小花鸡和其他小鸡一起活动，一起"吃早餐"。

有时，小花鸡离开鸡群独自去觅食的时候，凌凌会陪着它，一起走到菜地里、田野里、小溪边，看它捉虫，看它吃菜叶。

凌凌也会带着小花鸡四处散散步，晒晒太阳。

反正，小花鸡自由自在地成长，凌凌不去干预它，只是关注它、陪着它。

小花鸡见有人陪它，很高兴；凌凌看着小花鸡健康长大，也很高兴。

又一个月很快过去了。三位小朋友养的小鸡各自长成什么样了呢？

静静每天带着小黄鸡跑步、锻炼、抓虫，小黄鸡长得很强壮，可是看上去一点儿也不快乐，垂头丧气，打不起精神。

远远的小黑鸡变成了小肥鸡，长得胖胖的、圆圆的，走起路来一摇一晃，慢吞吞的，好像随时都会摔倒，一点儿都不健康。

小花鸡长得平平常常，不大也不小，和鸡群里的小鸡们一个模样，但看上去很快乐、很活泼、很健康。凌凌走过鸡舍的时候，小花鸡会轻快地迎上来，它认识凌凌是它的朋友。凌凌俯下身子看它，它就朝着她"叽叽叽"地叫，显得亲热极了。

外婆说："你们三人养的小鸡，看上去，还是凌凌养的小花鸡最可爱。要知道，任何动物的成长都有它自身的规律。顺着它的规律，让它自然成长，才是正确的。凌凌的小花鸡能够健康成长，就是因为她遵循了自然规律！"

这个故事的幽默情节主要体现在静静和远远的养鸡方法上。凌凌在听故事的过程中，不时哈哈大笑。在欢笑中，她懂得了遵循自然规律的道理，不能不顾实际，完全按照自己的意志去办事。特别是在故事里让她得到表扬，成为养鸡"最棒"的人，使她感到信心满满，非常快乐。2012 年 3 月 17 日，我在日记里写道：

> 这两天，给凌凌编了不少三位小朋友的故事，无中生有、天马行空。她喜欢听，有时，若找到她的笑点，她则更高兴了。

由于平时我给凌凌讲幽默故事多，凌凌的性格十分开朗，和同学、邻居的关系很融洽，大家都愿意和她在一起玩。

有一次，我将要出差。凌凌在日记里写道："我爸爸明天就要出差了，这让我很难过，因为我爸爸是个很能让人笑的人。"

经常让孩子笑，让孩子快乐成长，何乐而不为？

给孩子多讲点儿幽默故事吧！

简　洁

从儿童心理学来看，低龄儿童的注意力每次可以集中几分钟时间。为此，我们选择的故事不能太长，要尽力做到简短。对于一些篇幅比较长、情节略显复杂的故事，可以根据孩子的反应分几次讲完。如果一次讲得太长，不容易让孩子坚持听下去。

低龄儿童的理解力还不够强，他们的逻辑思维有限。讲给他们听的故事，情节上要简单。过于复杂的情节，孩子在脑海里串联不起来，致使无法理解故事的前因后果，听了后一头雾水，不仅无法收到效果，还可能引起孩子的反感。对于低龄儿童，建议选择《三只小猪盖房子》《狐狸和乌鸦》《狐狸和葡萄》之类情节比较简单的童话故事。一些简单的成语故事也是不错的选择。

低龄儿童的一个特点，就是喜欢重复听一个故事。当孩子向你提出把故事"再讲一遍"的要求时，要有绝对的耐心。虽然我们对这个情节简单的故事可能已经烂熟于胸，但对于孩子来说，每听一遍都有新的不同乐趣，尤其是听到他感兴趣的情节时，不时会发出会心的笑声。作为家长，不要怕麻烦，重复多次地讲，孩子对故事的理解将不断加深。由于他对情节熟悉了，有时在你说出下一个情节之前，他往往会先说出来。这对于他来说，是一种令人激动的成就感。

简洁的故事能较大限度地吸引低龄儿童，但不可一概而论。

讲故事时，家长要时时注意孩子的反应。可以看到，对于一些篇幅较长、结构较为简单、情节富有吸引力的故事，孩子是能够听下去的。像知名童话《渔夫和金鱼的故事》篇幅较长，但基本上是一个情节的反复和升华，孩子听起来并不觉得累。我给凌凌讲过《小乌龟历险记》的故事，这是我自编的。由于凌凌有养小乌龟的经历，加上以她为重要角色，她很喜欢听。

小乌龟历险记

外婆家边上有许多河沟，河沟里有鱼、虾、河蚌等好多生物，静静、远远和凌凌经常去河边玩耍，钓鱼、捉虾，快乐极了。

夏日的一天，静静比远远、凌凌起得早一些，她走到屋前的小河边去玩。清晨的风吹着柳树，树枝随风飘动，把河水拂出了粼粼的波纹，景色真美啊。

"喽——"静静的脚被什么绊了一下。

她低头一看，原来是一只小乌龟。静静只看到了一个壳，它刚才被静静踢了一下，头啊脚啊都缩到壳里面去了。

小乌龟的样子太可爱了。

静静把小乌龟拿回家里，远远、凌凌还在床上没起来呢。静静把小乌龟往床上一丢，小乌龟先是爬到远远脸上，把远远弄醒了，又爬到凌凌脸上，把凌凌也弄醒了。看见小乌龟，远远和凌凌十分高兴，赶紧起床，和静静一起逗小乌龟玩。

三位小朋友给乌龟找了一个家。

他们向外婆要了一个脸盆，在里面放上清水，还找来一些水草和卵石，做成一个小小的池塘。

小乌龟住在这个小池塘里，三位小朋友轮班给小乌龟喂食，定时换水和清理池塘。小乌龟很满足、很惬意。

日子一天天过去了。

小乌龟越长越大，或许是在一个地方住太久，有点儿寂寞了，它喜欢朝盆沿上爬。盆沿有点儿高，它慢吞吞地爬，快爬到盆口了，脚一滑，又跌到水中，样子滑稽可爱，三位小朋友被逗得哈哈大笑。

一天清早，三位小朋友还没醒来。忽然，厨房里传来了外婆的喊声："静静、远远、凌凌，你们快起来！灰堆里好像有什么东西在爬！"

三位小朋友冲进厨房里，外婆站在灶边，下面是昨夜做饭后留下的柴火灰。有一个小动物全身是灰，在那里爬动，大家都看不清楚是什么，也不敢去碰它。静静灵机一动，到水缸里舀了一瓢水，使劲泼下去。哇——小动物露出了真面目，原来是小乌龟啊！

"好险！"外婆说，"幸好灰堆是冷的，没有火种。如果有火的话，小乌龟不受伤才怪呢！"

静静、远远和凌凌互相望了望，心里想：小乌龟比原来大多了，不能用脸盆养着了，要换个大的容器，不然，老是爬出来，危险得很呢！

静静请外婆帮她找了一个水桶，盛上水。凌凌找了新的卵石，远远弄来些新的水草。

大家把小乌龟放到桶里。

桶里的空间比脸盆要大一些，水也盛得多一些。

小乌龟在里面过得很惬意、很快乐。三位小朋友每天都去看看小乌龟，陪它玩，给它喂东西吃。

桶里的水草越来越长，小乌龟也长大了一些。它不时用脚贴了桶壁，一个劲儿地往上爬，像当初爬脸盆一样。可桶比脸盆高多了，小乌龟爬啊爬，眼看就要爬上去了，结果，又是身子一翻，"砰"的一声掉了下去，四脚朝天躺在水里，四只脚不停地划动，好一会儿才翻过身来，样子可滑稽了。每当这时，静静、远远和凌凌都忍不住哈哈大笑。

日子过得真快。一转眼，一个月又过去了。

有一天早上，凌凌先起床，她来到外婆家屋前的空地上锻炼身体。她在那里做广播体操，突然，发现二楼的围栏上有一个东西在慢慢爬动，有一只脚是悬空的，看上去好像很快就会掉下来，非常危险。

"快来人啊，有个东西要掉下来了！"凌凌一急，大声喊起来。

听到喊声，外公、外婆跑了出来，静静、远远赶紧从床上爬起跑了出来。

外婆向上一看："呀——那不是小乌龟吗？"

静静、远远、凌凌急了，大声喊："快救它啊！"

外公往楼上跑去。外婆从房间里拿了一个枕头出来，垫在地上。

小乌龟的身子往外偏了偏，眼看就要掉下来了。这时，外公已经上了楼，他大叫："小乌龟，坚持住，我马上来救你!"外公伸长手，想抓住小乌龟。

可是，外公的手还没够着，小乌龟已经掉下去了。

外公心想：这下坏事啦，小乌龟肯定摔伤了。外公以为会听到小乌龟重重摔在地上"啪"的声音，出人意料的是，他没听到这个叫人害怕的声音。

他向下望去，原来，小乌龟正好掉在外婆用来救急的枕头上。

好险啊!

对于越长越大的小乌龟来说，桶也显得太小了。

静静、远远和凌凌请外公在屋前的空地上挖了一个小小的水池。里面种上水草，放上石子，三位小朋友把小乌龟放养到池子里。

池子比桶大多了，当然更舒服一些。小乌龟可以爬出池子，到空地上玩耍和散步。外公、外婆在空地边上围了一层密密的竹篱笆，这样，小乌龟就爬不出去了。

小乌龟的日子过得轻松又快乐。

一个夏夜，天黑黑的，很闷热。三位小朋友在床上躺着，还没有睡熟。"汪汪汪——"，窗外传来一阵狗叫。哪里来的狗呢？外婆家没有养狗，周围的邻居也没有养狗。静静、远远和凌凌赶紧叫醒外公、外婆。外公拿着一根大棒子，外婆拿着手电筒，带着大家冲了出去。

来到门外，大家被眼前的情景惊呆了。

只见一只大狗，正在咬小乌龟，满嘴是血。小乌龟缩成一团，一动不动。外公挥动棒子朝大狗打去，大狗见有人来追打，纵身一跳，越过篱笆墙逃跑了。

静静、远远、凌凌三个人跑过去，查看小乌龟的伤势。小乌龟处在惊慌之中，过了好半天，大约是觉得没有什么危险了，它才伸出头、四肢和尾巴。看上去，似乎没有受伤。

大家松了一口气。外公蹲下来，检查地上，他发现了一颗断牙。

外公说："这只狗应该是邻村的凶狗，晚上出来找吃的。走过我们屋前时，见到小乌龟在空地上乘凉，就想吃掉它。可是，我们的小乌龟现在已经长大了，壳特别硬。大狗用力一咬，把自己的牙齿顶断了。看，地上好多血，都是大狗的血。"

外婆捧起小乌龟看了又看，最后放心地说："小乌龟确实没有受伤。"

静静、远远、凌凌松了一口气。

小乌龟被咬了之后，好长一段时间待在池子里，不愿出来玩。

静静、远远和凌凌想：也许它害怕了，过一些日子，小乌龟就恢复正常了吧。

可是，过了一个多月，小乌龟还是闷在池子里，不愿意出来玩。

凌凌忍不住了，跑去问外婆。外婆让凌凌把静静、远远叫过来，她问三位小朋友："小乌龟不愿意动是有原因的。你们想一想，小乌龟的家在哪里呀？"

远远说："就是这里呀！我们的家，就是小乌龟的家。"

外婆听了摇摇头："我知道你们对小乌龟好，可小乌龟的家不在这里。"

静静想了想，说："小乌龟的家在河里。"

外婆听了点点头。

"那我们是不是应该送小乌龟回家？"凌凌问。想到小乌龟要回家，心里舍不得，凌凌嘴角一扁，差点儿哭起来。

外婆说："是啊，小乌龟的家在河里，它的爸爸、妈妈和朋友们都在河里。很小的时候，它可能走散了，来到我们屋门前，你们保护它、喂养它，帮它遮风挡雨，这是对的。现在它已经长大，不怕危险了，你们看，连大狗都伤害不了它啦！那我们是不是该把它送回河里去呢？"

三位小朋友听了外婆的话，心里很难过，勉强点了点头。

于是，一天清晨，外公、外婆和三位小朋友来到河边，把小乌龟慢慢放进河里。小乌龟回头看了看大家，向前游去，一会儿，就潜进水里看不见了。

静静、远远和凌凌忍不住流下了眼泪，他们不断地向着河面招手。可一想到小乌龟回到了大自然，回到了自己的家，他们的心又感到一丝欣慰。

就是这个故事，篇幅虽然较长，凌凌却听得津津有味，听完后还多次要求我再讲，完全没有厌烦的情绪，听《三只小鸡》时也是如此。这大约是因为这些故事情节的发展比较简单，都是同类型情节的反复和升华，同时也比较紧张，有吸引力。反之，对一些篇幅不长、吸引力不够的故事，孩子不见得喜欢听，很可能刚听一个开头，他就玩别的去了。这就需要我们家长随时掌握孩子的反应，根据实际情况，决定是否继续讲下去。

随着孩子年龄的增长，注意力集中的时间能够长一些。渐渐地，故事可以越讲越长。

应当说，听故事时，孩子注意力转移是很正常的事，对此，我们家长要抱着一颗理解和包容的心，以孩子为中心，参与到他的新兴趣中去。因为培养和训练孩子的手段是多元化的，孩子玩其他的，同样可以培养孩子。如果为了显示自己的"威严"，强迫孩子听完你讲的故事，那不仅违背了儿童教育和成长的规律，而且可能破坏了与孩子的关系，是切切不可的。

第四章

让孩子成为故事的主人公

经典童话故事能带给孩子丰富的精神营养，而家长自编的童话故事却能带给孩子不一样的智慧体验。

如同我前面说的，一个好家长可以学会自己编故事给孩子听。这不是一件容易的事，但也并不太难。

"世上无难事，只怕有心人。"家长只要有心，编几个简单的故事，完全是能够愉快胜任的事。

关键是要肯花一点时间，肯下一点功夫。为了孩子，付出的任何努力都是值得的。

适当懂得一些编故事的技巧

好故事是编出来的。这个"编"，是一种脑力劳动，需要不断地训练、不停地阅读。练得多了，熟能生巧，简单的童话故事就能信口编来；读得多了，就会知道许多不同的童话模式，学到一些编童话故事的技巧，编起故事来得心应手。我们在这个方面不能偷懒，在时间允许的情况下，平时可以多练练、多读读。

编故事，看上去比较复杂，其实是有规律可循的。

1."抖包袱"

讲给孩子听的故事，必须吸引人。怎么才能吸引人？第一重要的是，情节要带有曲折性，或者动人，或者奇妙，把孩子的心思和注意力吸引到故事中来。相声中有一种方法叫"抖包袱"，就是先设置一些悬念或笑料，到关键时揭出来，就像把一包笑料抖开了。

安徒生的童话《丑小鸭》中的丑小鸭经历重重困难，变成了白天鹅。这种种艰辛的经历，实际上是一种铺垫，最后成为白天鹅的结局，则是一个美好的抖开了的包袱。

洪汛涛的《神笔马良》中，马良利用一支神笔和财主等坏蛋作斗争，结尾处财主让他画摇钱树，他画了一片海，在海中的小岛上画了又高又大的摇钱树，还给准备去摇钱的财主画了大船。财主上船后，马良画了大风大雨，大浪打碎了大船，财主他们都沉到海底去了。这个故事的情节十分曲折，包袱一个接一个抖开，一波未平一波又起，对这样的故事，孩子当然是喜欢的。

刚才举的两个例子，都是著名作家写的童话故事，要达到这样的高度当然不容易，但稍稍努力一下，编出一个吸引孩子的故事却是可行的。

下面是一个从网上摘录的童话故事《聪明的青蛙》：

聪明的青蛙

一天，一头老虎遇到一只青蛙，老虎想要扑过去抓住青蛙当作美餐，青蛙昂着头说："我虽小，但我跳远的本领比你高，不信咱俩比比看，如果我输了，自然让你解解饥饿。"

老虎想："我的本领谁不知道，我只要轻轻一跃，你青蛙都得跳半天……"

于是，老虎郑重地说："好，比就比，绝不失言。"

他们画了一条起跳线，准备跳。就在要跳的一刹那，青蛙咬住了老虎的尾巴，待老虎跳出后一落脚，青蛙从老虎的尾巴上猛地一跳，跳到老虎的背上，再从老虎的背上一跃，结果比老虎跳得远。

老虎看到自己输了，很不服气，还是要扑过去抓青蛙来填饱肚子。

这时，青蛙嘴里吐出几根老虎毛，老虎便质问："你嘴里怎么有我的毛啊？"青蛙不慌不忙地说："我昨天吃了一只大老虎，毛还没吞干净呢！"老虎惊呆了，急忙问："你这么小，怎么吃得下一只老虎？"青蛙理直气壮地答道："你以为我小吗，其实我比你庞大多了。"老虎不相信，青蛙带着它去照镜子。青蛙家正好有两面哈哈镜，它把凸镜照向自己，凹镜照向老虎。老虎一看，青蛙确实比自己大，嘴巴一张怪吓人，老虎怕被青蛙当成美食，就飞快地逃跑了。

青蛙与老虎，一个强，一个弱，青蛙怎么打得过老虎呢？故事一开头，就用一个悬念抓住了孩子的眼球。接着用了三个情节：跳远比赛、吃老虎毛、照哈哈镜，一步一步走向了故事结局。这个故事虽短，但"包袱"抖得好，环环相扣、步步推进，让孩子不断地想听下去，看弱小的青蛙到底如何战胜强大的老虎，直到最后揭开谜底。

这个故事的内核，实际上来源于珞巴族的民间故事，网上有许多做了改编的版本，这是其中之一。与原来的故事相比，这个改编版更加紧凑、精练，更加富有吸引力。

同样是这个故事，我们还可以继续往下"抖包袱"。且看：

聪明的青蛙

走着走着，老虎碰到了狐狸，它抓住了狐狸，要把狐狸吃掉。狐狸大叫起来："老虎大王，我们是好朋友啊！你刚才怎么不把青蛙吃掉呢？"

老虎把刚才发生的事对狐狸说了一遍。狐狸就笑了，说："大王啊，你上了青蛙的当啦！青蛙那么小，怎么可能吃掉老虎呢！就是我也能把它抓来啊。"

老虎说："狐狸啊，你是想让我放了你吧！如果你能把青蛙抓来，我就吃青蛙，不吃你了。"

狐狸说："那好吧。"

"不过，"老虎又说，"这次我可不能再上你的当了，我不能放了你，这样如果你抓不到青蛙，我还是要把你吃掉。"

于是狐狸把自己的尾巴和老虎的尾巴拴在一起，一块儿去找青蛙。

青蛙远远地看到它们，大声对狐狸说："你这个狐狸！说是让你一天给我送一头老虎的，你怎么两天了才送过来！"

老虎一听，以为是又上了狐狸的当，吓得撒腿就跑。拴在老虎尾巴上的狐狸被拖得胡滚乱爬，一会儿就被拖死了。

在这一节里，悬念又吊起来。孩子可能会想，狐狸会不会把青蛙抓来呢？青蛙怎么打得过狐狸和老虎呢？结果大出我们意料，青蛙再一次战胜了强敌。

"山重水复疑无路，柳暗花明又一村。"如果将故事中的"包袱"一个接着一个抖出来，孩子自然会集中精力听下去。

我们编故事，就要编这样有吸引力的故事，让孩子爱听、愿听，听了还想听。

2. 模仿或"套用"

要自己独立地创作一篇童话当然不容易，因为我们大多数当家长的不是职业作家，我们有自己的工作，得为了生活奔忙，即使有创作童话的才能，也不一定有充裕的时间。而且，就像那些著名作家经常在"创作谈"里写到的，创作需要灵感。我们不可能天天、时时有灵感啊。孩子要我们编童话故事，能说编就编吗？不否认有部分家长是能够编出来的，但要每位家长都做到这一点，就有点儿勉为其难了。

怎么办呢？

在实践中，"套用"的办法是经常能够救急的。想一想，国内外的童话故事浩如烟海，里面有不少经典。有些直接拿过来，换个角色套上去，孩子通常也比较喜欢。

《丑小鸭》这个故事，很多家长和孩子都非常熟悉。在凌凌四五岁的时候，我就给她讲过多次。刚开始的时候，她一遍一遍地听不厌，不断地要我重复。讲到会心之处，她会先主动复述几句，显得有一点小小的得意。但是，过了一段时间后，她不再要我讲《丑小鸭》了，大概是听得有些腻了吧。虽然如此，她的脑海里并没有忘记《丑小鸭》。

有一天，她问我："爸爸，丑小鸭长成了白天鹅，那有没有丑小鸡、丑小猴啊？它们最后长大变成了什么啊？"

这真是一个问题。

孩子的脑袋里装满了各种稀奇古怪的问题，我们家长的一个重要责任，就是保护孩子的这些想法，呵护他们的好奇心，使他们对这个世界保持探索、询问的热情。

我当然不能拒绝凌凌的提问。我得想办法解答。可是说到猴子吧，我对这种动物不太熟悉，在故事里无非将它变成大猩猩而已，但也比不上丑小鸭那样励志。小鸡，倒是熟悉的。小时候在农村，经常与小鸡打交道，也养过鸡，至少对鸡的习性是了解的。

于是，我对凌凌说："这个世界不但有丑小鸭，而且有丑小猴、丑小鸡，还有丑小牛、丑小羊呢！今天爸爸就给你讲一个《丑小鸡》的故事吧。"

接着，我套用安徒生《丑小鸭》的情节和场景，讲了下面的故事。

丑小鸡

湘西的乡下非常美丽。

这会儿正是夏天！池塘的鱼在游动，森林里的鸟儿在唱歌，太阳照着一幢老式的木屋。木屋的前面流着一条小溪，从墙角那儿一直到水里，长满了小小的竹子，茂密青翠。

这是凌凌的奶奶家。

在奶奶家的木屋边，有一只母鸡正在孵蛋。它太寂寞了，没有人和它来聊聊天。别的鸡都在草地上捉虫子吃，或是"咯咯哒，咯咯哒"地夸耀自己下的蛋大呢！

"噼！噼！"蛋壳响起来。接着，母鸡身下那些鸡蛋一个接着一个地崩开了。小家伙们把小头都伸出来，它们是一群可爱的小鸡。

"咯！咯！"母鸡叫起来。小鸡们也跟着叫起来，它们摇摇晃晃地走着，对美丽的世界充满了好奇。

可是，有一个蛋还没有裂开。母鸡叹息道："我真是有些烦了，不知道还要等多久它才会出来。"说着，它又坐了下来。

等啊等啊，又过去半天了。其他的小鸡在母鸡身边走来走去，似乎都想到外面去看一看。

终于，这只蛋裂开了。"咯！咯！"一只大大的小鸡钻了出来，它身上的毛是灰色的，而其他的小鸡的毛都是黄色的。

对比之下，它显得那么独特。

鸡妈妈很奇怪，"我怎么会生出这么一只丑鸡呢？"它暗地里想着。

但是，作为母亲，它是爱自己的孩子的。即使那只小鸡身体比其他小鸡大，颜色比其他小鸡灰暗，它这个时候也没有嫌弃它。

第二天，鸡妈妈带着小鸡走到了池塘边上。奶奶家的池塘可真美啊！边上长满了植物，有一株山茶花开得艳艳的，两棵紫苏散发出香气，池塘的鱼在游动，有几尾金色的鲤鱼显得那么惬意。

池塘边的草丛里有很多虫子，鸡妈妈教小鸡捉虫子。

别的鸡站在旁边看着，同时用相当大的声音说："瞧！又来了一批找东西吃的客人，好像我们的人数还不够多似的！呸！瞧那只小鸡的一副丑相！我们真看不惯！"话音刚落，有一只鸡飞快地跑过去，在丑小鸡的脖颈上啄了一下。

"请你们不要管它吧，"妈妈说，"它并不伤害谁呀！"

"对，不过它长得太特别了，"啄过它的那只鸡说，"因此它必须挨打！"

这是第一天，就在这一天，丑小鸡到处挨打，被排挤，被讥笑。

丑小鸡的状况一天比一天糟，鸭、鹅这些动物都要啄它。奶奶的邻居家有一个调皮的小男孩，老是用脚踢它。时间久了，连它的兄弟姐妹都不喜欢它了，对它生起气来。

有一天，丑小鸡穿过奶奶家的篱笆门，逃走了。——它实在受不了大家的欺侮。

它走到奶奶屋后的水井边，在那里玩耍的几只小鸟一见它就飞走了。"我真是太丑了！"丑小鸡叹息道。在井边，它待了一整夜。

第二天，它继续往山上走。奶奶家的后面，是湘西著名的高山，到处都是茂密的树林。

"扑啦啦——"一群鹌鹑飞了过来。"你是谁呀？"它们问。丑小鸡恭恭敬敬地对大家行礼，它想给大家留下好印象。

"唉！它真是太丑了！"鹌鹑们说，"可是也不影响我们什么。我们待一会儿就走了。"

丑小鸡在这个地方待了三天。正在它想走的时候，几只麻雀飞了过来。

麻雀叽叽喳喳地说着话。它们看见了丑小鸡："唉呀，这是什么鸟，怎么这么丑啊！"

丑小鸡刚要开口解释。"呼啦啦！"它们又飞上天空去了，成群地在那里玩乐，它们才不想听这只丑鸟的解释呢！

丑小鸡心里有一点遗憾，这个世界上，要找个听它讲话的朋友都没有，"唉——"它叹了一口气。

就在这个时候，只听"砰"的一声，枪响了。一只麻雀落了下来，死了，鲜血把地上都染红了。

原来有人在打猎，丑小鸡心里悲凉得很，猎人会把自己打死吗？打死了也好，长这么丑，谁都不待见。它这么胡思乱想着。

"汪，汪，汪——"一只凶猛的猎狗跑过来，把鼻子凑近丑小鸡，嗅了嗅，跑开了。"唉，我真丑，丑得连猎狗都不咬我了。"它叹了一口气。

天慢慢黑了，四周陷入寂静。这只可怜的小鸡决定离开这块危险的土地。它站起来，拼命地跑，飞快地跑，跑过了田野，跑过了高山。半夜里，它来到了一片山间盆地，走到一间简陋的草棚旁。

这是一个守瓜人的棚子。守瓜人是一个老爷爷，他在这里种了几亩地的西瓜，西瓜快成熟了，他怕别人来偷瓜，就搭了间棚子住在这里。和他在一起的，还有一只猫、一只母鸭。

第二天天亮的时候，母鸭首先发现了新来的小鸡。"嘎嘎嘎——"它马上向老爷爷报告。那只猫也开始"喵喵喵"地叫起来。

听到喧哗，守瓜人跑过来。他年纪大了，眼睛老花了，看到丑小鸡，它以为是一只大母鸡。"这下好了，我有鸡蛋吃了。"它的态度好像不错。它对猫和母鸭说："它是你们新来的朋友，可不要欺负它。"

小鸡觉得受到了尊重，它感到心里舒服了一点。在这里，它待了整整一个月。可是，让猫和母鸭鄙视的是，它一个蛋也没有生下来。猫这个月抓了五只老鼠，母鸭这个月生了二十个蛋。小鸡呢？除了身体长大一些外，似乎什么也没有干。

这叫猫和母鸭忍受不了了。

"你会抓老鼠吗？"猫问。

"不会！"

"你能够生蛋吗？"母鸭问。

"不能！"

"那么，请站到一边去，你没资格和我们在一起。"母鸭呵斥道。

丑小鸡坐在一个角落里，心情郁闷极了。看到不远处的山林，它想起了新鲜的空气和温暖的阳光。它有一种奇怪的渴望：它要奔跑，跑到山里去，跑到水边去。最后它实在忍不住了，把心事对母鸭说了出来。

"哈哈哈哈，这是什么鬼想法？"母鸭大声嘲笑起来，"你这是闲得没事干。你在这里的工作就是生蛋，如果多生几个蛋，你就不会有这么奇怪的念头了。"

"你不了解我。"小鸡说。

"我不了解你？得了吧。你先看看你是谁。你不过是一只鸡！你难道是一只孔雀，或是一只大雁？你想奔跑，你想一鸣惊人？做梦吧！赶紧的，还是学会生蛋吧，不然主人一定会赶你走的。"母鸭气急败坏地说。

"我想我还是跑到山林里去生活的好。"小鸡温柔而固执地说。

"好吧，你去吧！"母鸭见小鸡这样坚持，也无可奈何。

于是，丑小鸡走了，它向山边跑去，它知道，穿过山林就会看见一个湖，它希望自己能生活在湖边，有山有水，有树有花，多好啊！它确切地知道那边有一个湖。那天，几只麻雀在聊天时说过湖的事，可惜它们被猎人打死了。

路程遥远。丑小鸡虽然跑得很快，但是它不时要停下来找吃的。有时，还要休息休息。终于，经过艰难的跋涉，它到了湖边。

湖水倒映着蓝天，周围是茂盛的水草，空气湿润而清新，景色美丽极了。丑小鸡深深地吸了口气，埋头在湖边的草丛中吃起虫子和草籽来。真是太惬意了。

这时，几只大鸟走了过来，它们把头伸向湖边，饮起水来。然后，轻快地踱着步子，也在草丛里觅起食来。它们的羽毛真好看，蓝绿相间，那么光洁闪亮，特别是尾巴，那长长的尾羽太灿烂、太绚丽了，简直像天上的朝霞。

丑小鸡远远地看着，眼睛看得发直。这是什么鸟呢？它不知道它们的名字。它不嫉妒它们，但它想，如果自己能长得像它们那么好看就好了。这时，站在篱笆上的乌鸦叫起来："蓝孔雀，蓝孔雀！"那些鸟原来叫蓝孔雀。它们吃完食，饮完水，慢慢地走回树林里去了。小鸡多么想和它们一起去啊。可是，它不敢。它知道自己太丑了。如果跑过去，一定会被赶跑的。

慢慢地到了冬天，许多树都落了叶子，光秃秃地立在那里。寒风还在吹，雪花大朵大朵地飘下来。你只要想想这情景，就会觉得冷。可怜的小鸡，躲在草丛里，找了些树叶盖在自己身上。

天越来越冷了，丑小鸡冻得实在受不了了，它跑出草丛，跑步让它感到温暖一些。风呼呼地吹，雪花飞舞。温度还在下降。丑小鸡跑不动了。它停下来，趴在地上，慢慢地昏睡过去——它冻僵了。

第二天大清早，有一个农民经过这里，它看到了冻僵的丑小鸡。农民抱起它，放在胸前。过了好一阵儿，丑小鸡慢慢恢复了知觉，醒了过来。

农民把丑小鸡抱回了家。它的孩子看到了丑小鸡，想和它玩。小鸡以为它们要伤害它，一跳，跳到灶台上，把放在上面的菜油罐子打翻了，油流了一地。农民的老婆看到了，惊叫一声，拿着笤帚过来赶它。它赶紧扇动翅膀。可是，它飞不高，只飞起来一点点，一下子又掉到灶边的糠箩里去了，黄色的糠沾了它一身。幸好灶屋的门开着，它跑了出去。还好，它的速度还是那么快。

它尽自己最大的能力跑啊，跑啊，终于，不再听见追赶的声音了。它停下来，四面看了看。这里雪很小，有不少枯草露在外面。尤其令它高兴的是，前面有一个草棚子。这里，居然是一个动物园。

丑小鸡住在棚子里，度过了漫长的冬天。

春天来了。太阳温暖地照耀着大地，树木开始发芽，小草开始泛绿，四周焕发出新的生机。

丑小鸡走出了草棚。突然，它看见了那群美丽的动物——蓝孔雀，它们正在不远处的水边觅食和散步呢！有一只蓝孔雀站在一个土堆上，到处望了望，突然，打开了它的尾羽！多么美的羽毛啊，简直就是一幅绚丽的画！

丑小鸡情不自禁地走向它们。

"它们会不会赶我走呢？"它犹豫着。

这时，那边来了几个孩子，拿了一些鸟食，撒向这些美丽的鸟。有一个孩子指着丑小鸡："看，那里来了一只新孔雀！"

"是说我吗？"丑小鸡不敢相信。

它走近蓝孔雀们。奇怪的是，它们是那么友好。看见它，纷纷围拢过来，向它点头、问好。

在它面前的水里，倒映着一只美丽的蓝孔雀。"啪！"它打开了尾羽——它也会开屏！啊，经历过这么多磨难的丑小鸡，原来是一只蓝孔雀。

"这只新来的蓝孔雀最漂亮！"孩子们指点着说。

它有些难为情，不知道怎么办才好。它感到太幸福了，但它一点儿也不骄傲，因为一颗好的心是永远不会骄傲的。太阳照得很温暖，它感到很愉快。它从内心里发出一个快乐的声音：

"当我还是一只丑小鸡的时候，我做梦也没有想到会有这么多的幸福！"

看完这个故事，大家能够感觉到《丑小鸡》的整个故事套用了安徒生的经典童话《丑小鸭》。但在场景设置、情节安排上做了一些改动，注意用孩子熟悉的环境或事物来展现情节，这样可以增加亲切感和吸引力。运用"套用"这种办法，家长可以节省"脑力"，不用费那么大的劲去想，同时也会让孩子有陌生的熟悉感，产生"陌生化"的效果，激发孩子的兴趣。

　　这种套用，常常是事出仓促，孩子的要求比较急，家长没有多少准备时间，得现想现编，因此不可能做到精雕细琢。孩子听故事，重在听的过程，如果孩子认为哪些地方不对，他会指出来，这未尝不是一种美好的互动。采用模仿或"套用"的手法编故事，有几点要注意：

　　（1）不要过分地追求情节的曲折，只要孩子听得下去，感到有趣就行。

　　（2）不要过分地追求文采，适当地用一些夸张、比喻是可以的，孩子大多数时候是听故事里的主人公在干什么，语言上不雕琢也没什么。如果能够讲得绘声绘色，当然更好。

　　（3）不要过分追求逻辑的严密，先讲什么，后讲什么，要有个大致的顺序，但出一些破绽也无关紧要，重要的是讲述要连贯，做到不停顿地讲完。

　　我们模仿或套用某个故事来进行讲述，最后效果怎么样，得由孩子来评判。我认为，只要孩子听得下去，感到快乐，故事就是成功的。2012 年 3 月 12 日，我的日记里写道：

　　　　凌凌早上睡过头了，好不容易才叫起来，样子十分困倦。上学路上，我给她编了个《三位小朋友爬山》的故事，情节改编自龟兔赛跑的古老寓言。

　　当时赶着去上学，故事编得十分仓促，但凌凌喜欢听，我觉得这就足够了。我们讲故事是给孩子听，而不是给大人听，也不是要拿去出版、发表。讲故事必须紧紧围绕孩子的需求和反应，这是一条基本原则。

3. 续编

　　一个故事讲完后，孩子通常会问："后来呢？后来呢？"许多家长都被这样追问过。而大多数时候，我们基本上是简单的一句："就这样结束了，没有后来。"有时被追问急了，语气可能还会有一点儿"粗暴"，把孩子的好奇心"堵"回去。解决这样的问题，有两条途径：一是耐心地解释，告诉孩子，这个故事到这里就结束了，情节没有再往后面发展；二是发挥自己的想象力，继续把故事编下去，让孩子知道后面原来还有这么多的事情，满足他的好奇心。

在现实中，这样的例子很多。比如，我们都听过《狼和小羊》的故事，这里不妨再复述一遍：

狼和小羊

狼来到小溪边，看见小羊正在那儿喝水。

狼非常想吃小羊，就故意找碴儿，说："你把我喝的水弄脏了！你安的什么心？"

小羊吃了一惊，温和地说："我怎么会把您喝的水弄脏呢？您站在上游，水是从您那儿流到我这儿来的，不是从我这儿流到您那儿去的。"

狼气冲冲地说："就算这样吧，你总是个坏家伙！我听说，去年你在背地里说我的坏话！"

可怜的小羊喊道："啊，亲爱的狼先生，那是不会有的事，去年我还没有生下来呢！"

狼不想再争辩了，龇着牙，逼近小羊，大声嚷道："你这个小坏蛋！说我坏话的不是你就是你爸爸，反正都一样！"说着就往小羊身上扑去。

这个故事出自《伊索寓言》，几乎每个人都耳熟能详。通过这个故事，说明狼是如何的恶和坏。同时，也告诉我们，人活在这个世界上，必须有实力，单靠讲道理和善良是行不通的。

有不少家长给孩子讲过这个故事。到最后，大概有不少孩子会问："狼真的把小羊吃掉了吗？"大多数家长可能这样回答："真的吃掉了。"故事就这样结束了，没有了下文。

对于这个血腥残酷的结局，有一些孩子不太喜欢。我在给凌凌讲这个故事的时候，凌凌才三岁多，一讲到狼要吃小羊，她就说："不要听，不要听！"显然，她痛恨狼，同情小羊，不希望看到小羊被狼吃掉。我决定把这个故事续下去，给她一个圆满美好的结局。我编了这样一段：

狼和小羊

狼扑了过去，它的爪子眼看就要抓住小羊了。

小羊本能地往旁边一闪，狼一下子扑到了石头上。狼生气极了："我一定要抓住你，我要吃你的肉！"

小羊全身发抖，它用颤抖的声音说："狼先生，我和我爸爸都没有说过您的坏话。我们一家人都很尊敬您，说您特别善良！"

说着，又是一跳，躲开了狼的第二扑。

狼哈哈大笑："我最讨厌别人说我善良了！狼本来就是要吃羊肉，怎么能说是善良呢？你就不要骗我了，还想耍什么鬼主意！乖乖地让我吃了吧！"

狼有点儿恼羞成怒，连续扑了两次都没抓到小羊，感到实在没有面子，开始准备第三扑。

小羊两次都躲过了攻击，心里没有那么慌了。它想起牧羊人昨天晚上挖的那个陷阱，就在前面不远的地方，或许可以把狼引到那里去。

小羊稍稍挪动了一下身子，站在河中间的一块石头上。如果狼再扑上来，它决定跳到草地上去。

狼正准备扑过来，小羊说："求求您别吃我，我爸爸在不远处的草地上准备了丰盛的美味，如果您不吃我，它一定会用很多美食来酬谢您。"

狼心想：说得可真好，那我就先吃了你，再去吃你爸！

狼跳了起来，猛扑过去。小羊早就瞅准了这个时机，狼腾空而起的时候，它也腾空而起，不过比狼低了半个身子。狼这一扑志在必得，所以用了很大的力气，结果，用力过猛，在石头上站不住，一下子滑到河里去了。小羊刚好跳到草地上，往牧场的方向跑去，那里有牧羊人挖的陷阱。

狼爬上草地，浑身湿漉漉的，又冷又饿。它看着小羊的背影，气急败坏地追了上去。

小羊跑啊跑啊，跑到一块绿油油的草地上。有一团草特别绿，几只羊正在那里享受青草的美味。小羊拼命一跳，跳过那团草，和几只羊混在一起，机警地吃起草来。

狼追上来了，看到一群羊在悠闲地吃草，它恼羞成怒："你们有草吃，老子饿半天了，看我怎么吃掉你们！"这么想着，它加快脚步向羊群跑去。

小羊见狼来了，警惕地探直了身子。

眼看着狼靠近了那团绿草，小羊的心紧张得快跳到嗓子眼儿了。只听得"砰"的一声，狼踩着绿草掉了下去。原来，那团绿草下面，正是牧羊人挖的大陷阱。

几只羊"咩咩咩"地大叫起来。牧羊人听到叫声，带着牧羊犬赶了过来。狼正在陷阱里咆哮和叫骂呢。

牧羊人搬起一块大石头砸了下去，一下子把狼砸死了。

机智的小羊就这样战胜了狼，救了自己。

在我续编的这个故事里，狼不但没有吃掉小羊，反而被小羊设法打败了，丢掉了性命。对于这个故事结局，孩子很喜欢。凌凌的评价是：太棒了！

任何一个故事都具有开放性，再次延展的可能性很大。狼要吃小羊，小羊战胜狼，这种逻辑接续比较自然，也比较简单，难度不是很大，其主要模式是接着前面的情节往后编。

那么，能不能往前编呢？比如编个《狼和小羊前传》。这当然是可行的。实际上，我们不仅可以往前编，也可以前后同时续编，前提是只要孩子想听、爱听。

在凌凌的要求下，我曾把《狼和小羊》往前编了一段，把小羊编成了一只"功夫小羊"。故事如下：

狼和小羊

在遥远的草原上，住着一只善良的小羊。这只小羊生下来时很瘦小，看上去很柔弱。

它的爸爸、妈妈很着急，因为瘦弱的小羊抵抗力差，仅仅生一场病，就可能要了它的命；瘦弱的小羊跑不快，如果狼来了，最先抓住的可能就是它。

羊爸爸、羊妈妈心疼小羊，带它到最好的草地吃青草，每天带它到草原上锻炼、散步。小羊的身体慢慢变得好一些了，但是还不够理想，和其它小羊比起来，它显得那么瘦、那么小。

羊爸爸、羊妈妈不知道怎么办才好。

有一天，草原来了一位拳师。它很和蔼，也很幽默，草原上的小羊、小牛和小马等小动物都很喜欢它。

它长得胖胖的，身上的毛色有白有黑，特别是两只眼睛周围有一圈黑毛，像戴了副时髦的黑框眼镜。

草原上的动物们不知道它叫什么名字，只知道它的外号叫"功夫熊猫"。

　　"功夫熊猫"的武功很高，它决定收几个徒弟，把自己的武艺传授给它们。草原上的很多小动物都想拜它为师，可它有一个条件：每天送它一把竹叶作为学费。

　　小动物们这时候才知道，"功夫熊猫"是吃竹叶的。离草原十多里路的地方，有一座小山，山上有一片竹林。要取到竹叶，得走十多里路。

　　开始时，小动物为了拜"功夫熊猫"为师，热情很高，小羊、小马、小牛等十多个小动物，每天早早地去山上摘竹叶，拿来送给师父。

　　"功夫熊猫"很认真负责，它每天教小动物们练习武术。但是，这是一件很辛苦的事。比如，每天要冲拳一千次，这是在练习出拳的力量和速度。刚过了两天，几匹小马就受不了了，它们觉得胳膊疼得太厉害，就不愿来学习了。

　　特别是每天要早早地起来去摘竹叶，不仅睡不成懒觉，而且来回二十多里路，两条腿累得受不了，回来后一个劲儿地打哆嗦。

　　没过几天，好多小动物都不来了。

　　最后，只剩下小羊还在坚持着。它每天早起，来回走二十多里地去摘竹叶；每天按时上课，练习各种武术动作。

　　时间一久，小羊走得越来越轻松，它的武功也越来越好。"功夫熊猫"很喜欢这个草原上唯一的徒弟，特意为它设计一招武功，叫"冲锋顶"。

　　练成这一招可不容易了！"功夫熊猫"先让小羊用两只角顶木块，顶了一个月后又让它顶大树，再过一个月后让它顶石头。等到后来，几十斤的大石头，小羊冲过去，一下子就能顶飞。

　　半年过去了，小羊的武功练成了。这半年，小羊每天走二十多里路，不仅走路的速度越来越快，被伙伴们叫作"飞毛腿"，而且身体越来越好，由原来的又瘦又小变得又强又壮。

"功夫熊猫"见小羊的功夫练成了，就离开了草原，到别的地方教武功去了。

小羊的爸爸妈妈当然很高兴。小羊回到家里，在它们面前表演了"冲锋顶"，把一块石头顶得老高。爸爸妈妈心花怒放，它们见小羊有这么好的武功，知道可以放心让小羊独自去办事了。

这一天，爸爸妈妈做了青草蛋糕，让小羊送给住在另一座草原的老羊爷爷。

小羊提着装满青草蛋糕的篮子，高高兴兴地出发了。一路上，都是美丽的风景，天上飘着朵朵白云，地上长满绿绿的青草，小羊的心情很畅快。但它也有一点担心，路上碰到大灰狼怎么办呢？它虽然练成了武功，可是，还没有真正地和大灰狼打过架，不知道能否打得赢啊。

走着走着，经过一条小河。小羊觉得渴了，把篮子放在岸边，到河边去喝水。

……

故事讲到这里，得停一下了。大家通过上面所讲的内容和情节，一定知道《狼和小羊》故事的"前传"部分讲得差不多了。这是往前"续编"，当然，故事还没有结束。接下来的发展，就是伊索寓言里《狼和小羊》所描述的经典情节。在经过一番谈话和争执之后，狼气急败坏，"往小羊身上扑去"。讲到这儿，孩子的心肯定又被吊起来了。他多么希望狼得到惩罚，小羊逃脱啊！那么，继续往下讲。

狼和小羊

小羊见狼扑来，赶紧往边上一闪。狼根本没想到小羊闪得这么快，一下子扑了个空。它调整了一下姿势，再次扑来，小羊又是一闪，狼再次扑空了。

连续扑了几次后，狼没有什么力气了。它停下来，想喘口气，歇一会儿。小羊见它弯着腰在那里喘气，好像一块大石头，它想起了"功夫熊猫"教它的"冲锋顶"。

小羊两只角对准狼，四肢发力，一个劲儿地冲过去。

"哎哟——"只听一声惨叫，狼被小羊顶得飞上了天，"啪"的一声，又从天空摔到了地上，挣扎了两下，死了。

小羊简直不敢相信自己的眼睛，它仅仅凭着自己的力量，就把狼"顶"死了。

回过神来后，小羊开心极了。

它顺利地把青草蛋糕送到了老羊爷爷手中。

回到家里，它向爸爸妈妈讲了顶死狼的事情，爸爸妈妈听得既紧张又欣慰。经过这一次的事情，它们知道，小羊真的长大了。

不久，小羊顶死狼的故事传遍了草原。草原附近的狼听了，都不敢到这片草原来。

从此，小羊又多了一个称呼，草原上的动物们都满怀敬意地称呼它为"功夫小羊"。

故事到此讲完了。这个故事是往前面编的，接下来才是经典的《狼和小羊》的情节。大家可以看到，这样的接合是自然的，特别是后面狼被小羊顶死的结局，很受孩子们欢迎。善良战胜丑恶，弱者打败强者，虽然在现实生活中不一定能实现，但大家都抱有这样的想法和希望，孩子也不例外。我讲完这个故事的时候，凌凌大声欢笑，鼓起掌来。她在为这个故事的结局叫好。我在往前编的时候，也用了一点小技巧，就是使用了她比较熟悉的"功夫熊猫"的形象。她刚刚看过《功夫熊猫》这部动画片，对里面的角色很了解。让"功夫熊猫"来做小羊的师父，比其他动物的形象更能引起她的兴趣。

当然，经典的故事依然是经典的故事，编的故事只是编的故事。为了不误导孩子，在讲完续编故事的时候，要告诉孩子，"书上写的这个故事，本来已经结束了，可是你想知道后面（前面）到底发生了什么，我就继续讲下去。不过，你要记住，这个不是作者版的，而是爸爸（妈妈）版的哦！"

以上我介绍了编故事的几种技巧和方法。要说明的是，编故事的技巧远远不止这些，而且每个孩子的故事需求和兴趣点也不一样。我们要根据实际情况，灵活应对，见招拆招，尽自己所能讲出孩子喜欢听的故事，努力当一个合格的"故事机"。

使孩子成为故事的主人公

孩子听故事，是喜欢听里面都是陌生角色的故事呢，还是喜欢听有自己熟悉的人物的故事呢？

答案不言自明。

就像我们看电视新闻一样，如果在哪个电视画面里看到自己，或是自己熟悉的人，我们心中会油然生出一种亲切感，免不了多看几眼。

我们编故事给孩子听，固然可以设计一些新奇的人物，安排一些惊奇的情节，有时候，不妨把孩子和他熟悉的人、事编进故事里，让孩子成为故事的主人公。

这就要求我们做一个有心人，耐心地观察孩子的生活，观察和他一起经历过的一切。其实，有些平凡的日常琐事稍稍经过加工，就可以成为孩子喜欢听的童话故事。比如，早上送孩子去幼儿园时，要注意今天穿了什么衣服，沿途碰到哪些人，路边的小狗在干什么，早点铺卖的是什么早点，等等。晚上，你就可编一个《小屁孩上幼儿园》一类的故事，把这些素材和情节编进去。孩子一般能听出故事中有自己，觉得新奇而有趣，要求不断地讲下去。又如，带孩子去商店，要观察孩子做了什么事情、喜欢什么商品、到了哪些柜台，坐扶梯、走路时是不是注意安全标志，等等。有了这个准备，给孩子讲故事时，大致能编一个《小娃娃商场历险记》之类的故事，把你和孩子逛商场的经历编进去，特别是注意把孩子做的事编进去，他肯定会感到很有意思。

许多著名作家善于把自己的经历写进作品里。现代文学家郁达夫说过，文学作品都是作家的自叙传。我们不期望成为编童话故事的高手或作家，但把孩子熟悉的人和事编进童话故事里，的确是打动孩子、得到孩子信任和喜爱的一种有效办法。

许多擅长写童话的作家也是这么做的，他们把自己的经历或者孩子的经历写进童话故事里。孩子一看就喜欢。自己的孩子喜欢，其他孩子当然也可能喜欢。结果，他们的童话大受欢迎。

《夏洛的网》这篇童话大家都十分熟悉，作者是著名的《纽约客》的作者怀特。这个故事是怎么产生的呢？这得从他的孙女说起。怀特有一个农庄，养了很多猪、鸡和鸭子，和《夏洛的网》里写到的农庄似乎差不多。有一天，他的农庄要杀一只猪做熏肉，他的孙女看到这个场景，特别伤心。因为这些契机，怀特写下了《夏洛的网》。这篇童话的开头一幕，就是父亲阿拉布尔先生要去杀那只发育不良的落脚猪[1]威尔伯，小女孩弗恩伤心哭泣，夺下父亲的斧子，阻止父亲杀死威尔

---

[1] 落脚猪，这里是指先天发育不良、体质弱的猪。

伯。我想，怀特的孙女看到这个开头时，一定会开心一笑的。

《长袜子皮皮》是著名童话作家林格伦的名作。《长袜子皮皮》里的主人公皮皮的名字，就是林格伦的女儿——七岁的卡琳随口取的。然后，林格伦给正在生病的女儿讲起了皮皮的故事。皮皮头发火红，喜欢一只脚穿黑袜子、一只脚穿棕袜子……里面许多地方流动着女儿卡琳的影子。1944年，林格伦在女儿十岁的时候，把皮皮的故事写了出来，作为赠给她的生日礼物。

实际上，不止这些外国童话作家善于把孩子的经历写进童话里，现实生活中，有一些认真细心的家长也是这么做的。

2012年11月16日的《每日商报》报道了一则消息，杭州的年轻妈妈金利雅为小学二年级的儿子编写了一本童话书《毛小笋和精灵小屋》，童话中的主人公毛小笋就是金利雅儿子的化身。这位年轻妈妈说，毛小笋是一个拥有时光斗篷的小朋友，披上斗篷他就能穿越时光隧道，去他想去的任何地方。在毛小笋身上发生的故事，就是自己儿子经历过的生活。在这本童话书里，还出现了她儿子五六个同学的身影，有真名，也有化名，每个同学都有故事情节。这些素材都是从儿子每天放学回家后的聊天中收集而来。结果，这本书大受孩子欢迎，不仅儿子班上的同学互相传看，而且还风靡了整所学校。

可见，让孩子成为故事的主人公，虽非容易，但也不是多么难的事。关键在于我们家长要有这个意识，要有这份心思。

凌凌在读幼儿园时，我给她讲了大量的"三个小朋友的故事"，主人公就是她和表哥、表姐。后来，她上小学时，我把一部分故事整理出来，订成一册。有段时间，凌凌捧着小册子看得津津有味。她的老师知道这件事，也借去阅读了几天，多有赞誉，称赞我是一个"有心"的家长。

在这个小册子前面，我写了这样一段话：

有一个小朋友，名字叫凌凌。她和爸爸妈妈生活在一座大城市里。在学校，她有很多好朋友。但她最想念的，还是表姐静静、表哥远远。

静静、远远住在很远很远的外公外婆家里，那是一个美丽的乡村。每年放寒假、暑假的时候，妈妈都会把凌凌送到外公外婆家去住一阵，让她和静静、远远一块儿帮外公外婆做家务、一块儿到田地里和山上去玩、一块儿做游戏……凌凌感到高兴极了。

开学的时候，凌凌就回到城市里上学。可是，不管是上学，还是放学回到家里，凌凌都经常会想念静静、远远。怎么办呢？凌凌的爸爸是一个"故事机"，会讲好多好多故事。凌凌问爸爸："你可以把静静、远远和我编进故事里吗？"爸爸答应了。于是，每天送凌凌上学时，爸爸给她讲三位小朋友的故事；每天凌凌睡觉前，爸爸给她讲三位小朋友的故事；甚至，爸爸出差了，同样会在电话里给她讲三位小朋友的故事。

凌凌听了很高兴，她要爸爸把这些故事记录下来，自己有空的时候好拿着看，或者和学校里的小朋友一起分享。凌凌发现，大家都爱听三位小朋友的故事。虽然在城市里，但听着或读着故事，凌凌觉得，就好像和静静、远远在乡村里一起玩了。

这说明：把孩子作为主人公编进童话故事里，是一种广受孩子欢迎的做法，也是值得我们家长掌握的技巧。

我自己坚持这么做，也希望有兴趣的家长来尝试一下。

让孩子有自豪感

每一个孩子都有一个英雄梦。或强或弱，孩子们总有一点好胜的心理。加以适当的赞美，他们一定会十分高兴。我们大人又何尝不是如此？在现实生活中，一句称赞、鼓励的话语，常常让我们高兴半天。

美国作家马克·吐温对此毫不讳言，他说："一句精彩的赞辞可以做我十天的口粮。"

赏识孩子，适当地予以赞美，是我们在陪伴孩子成长的过程中必不可少的重要方法。这已经成为许多家长的共识。

对这一点，许多心理学家表示认同。"现代心理学之父"威廉·詹姆斯指出："人最大的需要就是被了解与欣赏。"美国知名心理学家丝雷也说："称赞对鼓励人类灵魂而言，就像阳光一样，没有它，我们就无法成长开花。"

可以说，恰到好处的赞美、赏识是家长与孩子沟通的润滑剂。当然，必须认识到赞美需要技巧。翻看各种育儿书籍，或者到网上查一查赞美孩子的技巧，比比皆是，这里不再赘述。我想说的是，运用故事这种形式，在故事中让孩子得到胜利，让他有成就感，不失为一种有效而且有趣的办法。

当我们发现孩子做得好的地方，或者发现孩子的长处时，我们可以编故事给他听，让孩子在故事中听出自己的优点来，听出自己的厉害之处来，伴随着故事的讲述，他的自信心和自豪感一定会慢慢增长。

我给凌凌编故事，大多数时候都遵循了这样的原则：让她胜利。前面的章节里，我引用了给凌凌编的故事《三只小鸡》，这个故事结尾是外婆下的结论："你们三人养的小鸡，看上去，还是凌凌养的小花鸡最可爱。要知道，任何动物的成长都有它自身的规律。顺着它的规律，让它自然成长，才是正确的。凌凌的小花鸡能够健康成长，就是因为她遵循了自然规律！"

像这样的故事结局，凌凌听了十分开心。我相信，如果是其他小朋友听到自己在故事中有"高大上"的形象、敢于担当的情节、取得胜利的结局，也会非常高兴的。

凌凌比较有意志力，善于克制自己，做事情只要一上手，一般来说很专心，很少会被其他"诱惑"所打扰。比如，阅读、做作业等，通常会一干到底，只要时间不是太长，中途不会去做其他事情。对于她的专心致志，老师也多次表扬。为了强化她这方面的优点，我给凌凌讲过一个《我们钓鱼去》的故事，来表扬她的这一长处。

我们钓鱼去

外婆家的不远处有一条大河。外公有空的时候，常会拿着渔网和钓竿去大河里钓鱼。

夏日的一天，刚下过一场雨，空气特别清新。外公说："大河里涨了一点水，肯定有很多鱼在觅食，我们钓鱼去吧！"

静静、远远、凌凌早就想去钓鱼了，可外公一直在忙农活儿，没空带他们去。听了外公这句话，他们迫不及待地齐声答应："好！"

外婆把三位小朋友叫到一边，给他们讲了一遍《小猫钓鱼》的故事，提醒他们钓鱼的时候可不能像小猫那样三心二意，一定要集中精神，这样才能钓到大鱼。

静静、远远、凌凌跟着外公来到大河边，发现大河的水有点儿浑浊。外公说："刚才下了雨，岸上的泥沙被冲到河里，水就浑了。这样啊，一些小生物也被冲到了河里，鱼最爱吃这些小生物，这个时候的鱼正在到处找东西吃，也最好钓呢！"

外公给三位小朋友找好位置，静静在左边，远远在右边，凌凌在中间，每个人间隔了十多米远，防止渔线缠绕在一起。

外公帮三位小朋友理好渔线，在鱼钩上装好鱼饵，然后站在边上看他们钓鱼。

雨后的河边可真美啊！

阳光洒在河面上，河水粼粼地泛起了金光，岸边的芦苇在微风中点头摇摆。

这时，一只红蜻蜓飞过来，在静静、远远、凌凌眼前飞来飞去。三位小朋友想起《小猫钓鱼》的故事，强忍着不去理会飞舞的红蜻蜓。

过了一会儿，又飞来一只蝴蝶。这只蝴蝶可真美啊，它长着一对金色的翅膀，阳光照着它的翅膀，金光一闪一闪的，好看极了。它先是围着三位小朋友转圈飞舞，转了几圈后，停到了远远的钓竿上。

远远真想去抓它啊！

静静、凌凌的目光也转向了远远的钓竿上，她们俩盯着蝴蝶看。

远远以为姐姐和妹妹在监督自己，心里打了个激灵，提醒自己说："一定要静下心来钓鱼，我一定要钓一条大鱼。"

正想着，只见浮标猛地一动。外公叫道："远远快拉！"

远远急忙把钓竿拉起来，蝴蝶飞走了，一个沉甸甸的东西被拉起来了。

大家仔细一看，原来是一只小乌龟。

外公把小乌龟放到盛满清水的桶里，说："我们要把它养起来，以后你们又多一个小乌龟朋友了！"

大家都夸奖远远。远远看着蝴蝶落在自己的钓竿上，也没有分神，一心一意钓鱼，的确值得学习。

静静和凌凌都想：我也要钓一条大鱼！

大家坐在太阳底下，继续认认真真地钓鱼。微风吹过来，飘来阵阵泥土的清香，好舒服啊！

这时，静静的钓竿动了一下。远远说："快拉！"

外公摇了摇手，轻声说："只是轻轻抖了一下，鱼儿刚咬钩，先等等看！"

话音刚落，静静的钓竿猛摇了一下，静静飞快地把钓竿拉起来。

啊——好大一条鳝鱼！

外公说："鳝鱼不好钓，今天能钓到鳝鱼，真的不容易！"

远远和凌凌看了看静静，露出敬佩的神情。

看到远远和静静钓到了龟或鱼，凌凌心里有点儿着急起来。

但她记住了外婆的话，不断地叮嘱自己：不能学小猫，不能三心二意，一定要专心致志。

凌凌聚精会神地盯着水面上的浮标，身子一动也不动。

阳光洒在水面上，映出金色的波光。

大家安静地坐在岸上，等着鱼上钩。

突然，凌凌的浮标往下一沉，接着钓竿也向下一沉。凌凌使出全身力气往后拉，还是拉不上来。

"好大一条鱼啊！"远远跑过来，抱住凌凌，两个人一起往后拉，没有拉动，鱼的力气太大了。

静静也跑过来，她抱住了远远。三位小朋友齐心协力，和鱼儿拔起河来。三位小朋友的力气和鱼儿的力气差不多，你拉不动我，我拉不动你，僵持在那里，打了个平手。

　　外公这时也跑了过来，他喊道："不能这样拉！这样拉会把渔线拉断的。"

　　三位小朋友松了手，把钓竿递给外公。

　　外公把渔线放出去，让鱼自己游走了。

　　小朋友们心里很纳闷：外公是不是要把鱼放走啊？

　　过了一会儿，大鱼大概游累了，不再游动。只见外公慢慢地把渔线收起来，大鱼被拉到了眼前。这时，大鱼再次挣扎起来，外公又把它放走。

　　这样反复了好多次。小朋友的心啊，随着外公和大鱼的拉锯战，"怦怦怦"地跳个不停，可紧张了。

　　终于，过了大约二十分钟，大鱼被拉近的时候不再挣扎了。外公用力一拉，把大鱼拖到了岸上。

　　小朋友们看到大鱼被拉了出来，高兴得直拍手！

　　可他们不明白外公为什么要"折腾"这么久。外公望着疑惑的孩子们，解释说："这条鱼太大了，力气也大。我如果用力拉，很可能把渔线拉断。再说，说不定我还拉不过它呢。只有让它不断地游啊游，游到没力气了，我才能把它拉到岸上来！"

　　"噢，原来是这样。这就叫'放长线钓大鱼'吧！"小朋友们恍然大悟。

　　踏着金色的阳光，三位小朋友和外公回到了家中。外婆看到大家钓到的大鱼、鳝鱼和小龟，惊叹起来。

　　这真是充实的一天啊！

　　这一天，小朋友们有了新的收获。他们体会到：钓鱼不仅要一心一意，掌握方法也非常重要呢！其实，做任何事情不都要这样吗？

读完故事，我们就会明白，这个故事主要表扬了小朋友们心无旁骛，对三个小朋友都做了表扬，同时介绍了钓鱼的技巧。大家如果看得再仔细一点，就会发现，这里面表扬凌凌还是要多一点。在故事里，她不仅特别专心，而且钓到的鱼最大，这让她十分有成就感。刚给她讲完时，她的第一反应是："好啊，我钓的鱼最大！"但大家也要注意到，这里的表扬和肯定并没有那么明显，有一点含蓄。我是故意这样处理的。我不想凌凌觉得自己太厉害，好像什么都是自己最行，产生骄傲情绪。这样处理，同时也显得真实一些。

2012 年 3 月 23 日，送凌凌上学的路上，我讲了一个《三个小朋友搬砖》的故事，讲的是外公家盖房子，要把砖运到屋顶去。三个小朋友各尽所能，想出了自己的"奇招"：静静用狗驮砖；远远仗着力气大，自己搬，结果不小心摔倒了；凌凌运用从书上学来的知识，先用小推车运砖，然后用滑轮把砖搬上屋顶。这个故事中，凌凌用的方法最科学，值得肯定和赞美。凌凌听完后的表情是怎样的呢？我的日记里记了下来："凌凌听了有点小得意。"

或许有的家长会问：用故事夸奖孩子要注意什么？按照儿童教育专家的说法，夸奖有夸奖的原则。比如，该夸的就夸，该欣赏的就欣赏，不该夸的不夸；夸的内容必须是具体的，不能泛泛而谈而不指出具体的内容，等等。这些都是我们在表扬、赞美孩子时所必须遵守的。

但讲故事毕竟与一般的口头表扬不一样，用这种方式来赞美孩子，赞美的话语已经蕴含在故事中。另外，还应注意以下几个方面：

第一，不能为了赞美而赞美。

有时，觉得好久没有表扬孩子了，刚好自己有时间，于是，就编个故事尽情地赞美孩子一下，让他高兴一回。有时，想到一个好的赞美性故事素材，索性把这个故事讲给孩子听，赞扬孩子一番。像这样的现象，都是不科学的。我们不能盲目地夸奖孩子，一定要有针对性，单纯为了表扬而表扬，那还不如给他读书中的故事。

第二，要遵循讲故事的规律。

故事终究是故事，情节发展有其自身的规律。利用讲故事的形式赞美孩子，尽量把故事里的情节编得自然一些，不要让孩子觉得你在糊弄他、敷衍他。前面引述的故事《我们钓鱼去》，虽然还有许多不足之处，但在情节安排上，我还是花了些功夫，把凌凌平时善于克制的表现编进去了，她听起来会觉得这个故事比较可信。

第三，坚持实事求是的态度。

故事情节可以适度夸张，在故事中可以把孩子塑造得厉害一些，但别忘了在讲完后提醒孩子：你虽然在故事中取得了胜利，但不能因此而感到骄傲。故事是精彩的，现实生活却往往不是这样，会经常遇到一些难以解决的困难和问题。在提振孩子信心的同时，不要过分夸大孩子的能力，让他飘飘然。总的来说，还是趋向客观为宜。

另外，有一种现象我们也要注意，就是个别家长不仅没有在讲故事时适当给予孩子鼓励，反而让孩子有挫败感，影响了孩子的情绪。有报道称，有位妈妈在给孩子讲孔融让梨的故事时，教育孩子说："你吃西瓜的时候，为什么不把大片的留给爷爷吃?"一再叮嘱孩子要学会尊老爱幼。孩子受了批评，心里不高兴，随便答了一句"知道啦"，对家长爱理不理。慢慢地，孩子索性不喜欢听家长讲故事了。这里，并不是说不能在故事里对孩子进行"挫折"教育，但这种简单、直白的批评是不行的。有专家指出，我们讲故事，应多给孩子输入正能量的东西，在讲正面人物时，多拿孩子进行类比，多夸奖孩子的优点。千万不要在讲故事的时候借机批评教育孩子，尤其不能当着别人的面揭孩子的短。而是要通过讲故事，让孩子自己去领会那样做是不对的，应该怎样做会更好。其实孩子在听故事的过程中，会有自己的比较和体会，藏而不露的教育才是最好的。

鼓励孩子一起编故事

相对来说，在故事的传播和接受过程中，讲故事的人处于主动地位，听故事的人处于被动地位。家长讲什么，孩子就听什么，这种信息传递的方式基本上是单向的，特别是孩子小的时候更是如此。随着孩子年龄的增长，家长在讲故事的时候，孩子会经常参与进来，表达自己的意见。有时是发问，有时是主动说出下一步情节是怎样的。慢慢地，由单一的听故事变成了和家长有交流、有互动。

到了这个阶段，家长如果编故事给孩子听，可以调动孩子的积极性，发挥他的想象力，激发他参与到编故事的过程中来。这样不仅可以让孩子的思维得到训练，而且在这个过程中真正实现了"亲子"，实现了与孩子的思想交流，同时也使故事变得更加丰富和生动。

让孩子参与故事编讲的途径和方法有很多，概括起来，主要有以下几种方式：

1. 由孩子"点菜"

所谓"点菜"，顾名思义，孩子是顾客，你是大厨，他想吃什么，你就给他做什么，换成讲故事，就是他出什么题目，你就讲什么故事。

这是讲故事时最常见的方式。孩子会对你说："你给我讲一个 ×××的故事！"他把题目一下子报了出来。这个时候，你就得开动脑筋，边想边编，按照孩子的要求把故事讲下去。不少家长都是这么做的。

童话作家葛欣在给女儿的信中动情地说："在你两三岁听得懂故事时，每天晚上的睡前故事便成了爸爸的专利。最初，爸爸只为你讲爸爸小时候看过的《狼和小羊》《狼来了》《小红帽》《白雪公主》这类短小的童话故事就可以了。可是当你到了三岁时，已经不满足于听这些早已熟知的故事，每次都会给爸爸出个新题目，要爸爸自己编故事。比如，你会说出老狼、大象、兔子、猴子和小羊这几个角色，让我根据这些动物角色编出个好听的故事；为了开发你的想象力，只要你提出要求，爸爸就会照办。现在想起来，爸爸成了童话作家，还真得感谢你，我的宝贝女儿。爸爸发表的很多童话都是在为你讲故事时迸发出的灵感。"看来，葛欣的女儿不仅经常"点菜"出题，让爸爸按照自己的要求讲故事，而且还把爸爸锤炼成了童话作家。

前文中提到的杭州年轻妈妈金利雅也说："儿子上幼儿园大班时，我就天天晚上给他讲童话故事，故事都是自己现编的，比如儿子冒出一句'热带雨林'，我就'接住'给编一个故事；他说'蛋糕城堡'，我就顺着讲下去。"一个个故事先是记录在金利雅的 QQ 空间里，后来才编成一本书。

翻看过去的日记，我发现自己在凌凌很小的时候就这么做了。

2010 年 1 月 6 日，这个时候凌凌三岁多了，我在日记里记下了她出题目让我讲故事的情景：

> 有两天时间，凌凌总是缠着我讲三个小朋友的故事，也就是她和表姐、表哥的故事。比如，《三个小朋友买棒棒糖》《三个小朋友买风车》等。我只能使劲儿地编了故事给她听，凌凌竟听得上了瘾，不断给我出题目，模式就是"三个小朋友买……"。最后实在没有什么可讲了，她还一个劲儿地追问："老爸，然后呢？然后呢？"

2013 年 9 月 15 日，晚饭后，由凌凌点题，我给她讲了《三个小朋友种桂圆树》的故事。我现编现卖，讲三个小朋友如何在温带种热带的树，静静用浴霸提温，远远用烧火提温，凌凌用塑料大棚提温，方法各不相同，当然是凌凌胜出。

对这些漏洞百出的故事，凌凌倒是非常喜欢，常常哈哈大笑，甚至笑倒。她听完之后，常常嚷着："还要听，还要听……"

因此，让孩子"点菜"，家长按照孩子的口味"炒菜"，不失为激发孩子兴趣的一个好办法。

2. 和孩子互动，共同编故事

俗话说：童言无忌。孩子心里想什么，口头经常会毫不掩饰地表达出来。我们在给孩子讲故事时，孩子会对里面的人物、情节说出自己的看法。对一些感兴趣的故事，孩子还会主动设计一些情节，让我们按照他的意思往下讲。在这样的情境下，要鼓励孩子参与到故事的"创作"中来，和家长一起互动，共同把故事编下去。

第一，善于听取孩子对于故事的意见和建议。

在讲述故事的过程中，孩子会发表自己的意见。这些意见可能不那么准确，但对家长来说非常重要。通过这些意见，我们可以知道孩子在想什么。而且，孩子的有些意见确实十分富有创见，很有建设性，有些可能是我们想都没想过的，尤其是现在接触新知识、新信息的渠道很广，孩子在学校看到、听到的东西有些非常前沿，我们不一定知道。所以，我们在给孩子讲故事的同时，要充分尊重孩子，放低身段，以孩子为师，从他们的言语中学习我们不知道的东西。

凌凌快四岁时，看了很多有关米老鼠的绘本。有一次，我给她讲米老鼠的故事，她对米老鼠比较熟悉，我们互动较多，大多数时候，她还讲到前面去了。凌凌将近六岁时，有一天，我给她讲的是三个小朋友在恐龙世界历险的故事。凌凌看了许多有关恐龙的书，这方面的知识比我多一些。讲的过程中，她不时纠正我的错误，或者帮助我完善，让我感到自己的不足。

对一些故事，孩子站在儿童的视角，通常能贡献比成人更好的意见。2012 年 4 月 22 日，应凌凌的要求，我给她讲《三个小朋友养狗》的故事。我设计的情节里，除了三个小朋友各养了一条狗以外，让外公外婆也养了狗。小朋友的狗的名字里分别含有小朋友的名字，就叫静犬、远犬和凌犬。那么给外公和外婆的狗取什么名字呢？凌凌这时贡献了很好的建议。她说，外公的名字里有个"海"字，他养的狗叫"海海"；外婆的名字里有个"云"字，养的狗就叫"云云"吧。后来，我就按照凌凌取的名字，讲完了这个故事。凌凌的妈妈听到我们讲这样的故事，在一旁大笑，一家人真是欢乐极了。努力做一个会倾听孩子意见的家长，这是一种姿态，也是我们能够做到的。

第二，让孩子先勾画部分情节，家长再按这个"提纲"讲。

给孩子讲故事，要了解孩子的"口味"。当家长的在开讲之前，可以发问："你喜欢听哪方面的故事？""你是不是可以告诉我，这个故事里会发生什么事？"有时，孩子会直接告诉你，他想听哪些情节，故事里会有什么角色。有时，孩子不是那么主动，我们就要学会引导，让孩子把心中的所思所想讲出来，以使我们讲的故事能够满足他的需求。这也是激发孩子想象力的一种好办法。

许多孩子有画画的习惯。在微信朋友圈里，不少家长晒出了孩子的画作，其中好多作品非常优秀，展现出大人们难以企及的奇思妙想。实际上，在现实生活中孩子经常以画画的形式来表现自己对生活的理解。或许有些画作表达的只是一个意念，或者仅是一个简单的画面，但不能否认，他们的画作常蕴含一些生动的思想、情节和诉求。这些画作是家长重要的故事素材，我们可以拿起孩子的画作，以画为题，给他讲一个故事。画作给我们提供了一个契机、一个提纲，从画作中，我们能够感受到孩子的心灵需求。讲这样的故事，孩子当然愿意参与进来，因为他画下的一些线条、图案，我们不知是什么意思，他却清楚地知道表达了什么。给孩子讲故事的过程，是一个充满了互动和讨论的过程。

很多时候，孩子会主动拿出他的画作，让家长按照画的内容讲一个故事。曾经有一段时间，凌凌那时四岁多吧，常常拿出她的画来，让我"看图说故事"。2010年12月3日，凌凌画了三张画，让我按照图画给她讲故事。我依次给她编了三个故事：《猫和老鼠》，讲一群老鼠如何搬狗当救兵，把猫给打败了；《骄傲的蝴蝶》，讲一只美丽的蝴蝶很骄傲，见到了公鸡、孔雀、鹦鹉等都不理，结果撞到蜘蛛网上，最后是这些动物救了它；《小海龟历险记》，讲第一次上岸的小海龟，被狐狸骗到老虎那里，给老虎当食物，老虎咬到龟壳，把牙齿崩掉了，海龟最终脱险。这些现编的故事，情节比较简单，凌凌几乎每次都能猜出后面的情节和结局。虽然没有多少悬念，但由于是按照她提供的图画讲的，她都听得津津有味，不时还提出一些见解，实现了我们之间的良性沟通。

第三，邀请孩子一起"创作"故事。

给孩子讲故事，有的讲过了就过去了，让孩子高兴快乐，达到了目的；有的讲过之后，孩子可能会让你再讲一次，甚至不断地让你讲，这样的故事应该是有保留价值的。如果碰到有保留价值的故事，我们不妨花费一点时间，将它记录下来。孩子如果识字，他会自己反复看。如果孩子识字数量有限，可以重复地念给他听。在这个过程中，可以和孩子讨论，看看他对故事的情节有什么建议，是不是要增加新的角色，最后的结局怎么设计为好。根据孩子提出的意见，做一些修改和调整。这样留存下来的故事，将是家长和孩子共同智慧的结晶。这份携手创作故事的经历，必然会成为孩子成长过程中的美好回忆。

2012年1月上旬，凌凌画了一幅图画，画面上有好几只乌鸦。她让我讲一个关于三个小朋友和乌鸦的故事。我即兴编了一个《乌鸦森林》的故事，把三个朋友都编进了故事里。凌凌边听边插话，对情节和人物提了许多意见。我按照她提的建议，边讲边修正。凌凌妈妈在边上听了，要我把这个故事记录下来，打印出来给凌凌看。

乌鸦森林

静静、远远和凌凌从魔法学校毕业了，老师让他们每人自己挑选一件魔法宝贝作为礼物。静静挑了一个魔法帽，用帽子能变出各种各样好玩的东西来。远远选了一块魔法石，这块石头能飞起来打中他想打的目标。凌凌选了一个魔法盘子，只要她念动咒语，盘子里就能变出好吃的点心来。

三位小朋友对礼物很满意。他们走出魔法学校，走上了回家的路。走啊走啊，不小心走进了一片森林。原来这是一片乌鸦森林，天上和树上黑压压的全是乌鸦，遮住了光，森林里黑黢黢的，只能看到很近的地方。只要走进这片森林，就很容易迷路。

三位小朋友走了许久，还是在森林里打转。他们的心里有点儿着急了。静静说："我们得想一个办法才好，不然，不知道什么时候才能回到家里。"三位小朋友中，静静是大姐，远远和凌凌都听她的。远远说："要不，试一试老师送给我们的魔法礼物吧！"静静和凌凌都赞成，她们说："那就先用你的魔法石试一下吧！"

远远朝天空扔出了魔法石。只见魔法石在天空盘旋一阵，发出尖锐的叫声，然后突然加快速度朝最大的那只乌鸦飞去。只听"哇——"的一声惨叫，魔法石击中了那只大乌鸦。大乌鸦掉进了水沟里，可稍微挣扎了一下，又冲天而起，扑腾着翅膀落到三位小朋友前面的树枝上。原来它是这个森林里的乌鸦王，不是那么容易被打败的。

乌鸦王一站稳，天上的乌鸦立刻全部朝这边飞过来，成千上万的乌鸦围成一个大圈，把三位小朋友围在中间。远远和凌凌胆子小，吓得瑟瑟发抖。

乌鸦王发怒说："在这片森林里，从来没有人敢打我，你们居然敢用石头砸我！哼，简直不想活了！"它一讲话，周围的乌鸦就发出"哇——哇——"的叫声，特别恐怖。

静静辩解说："是你们先挡住了光线，让我们看不清路，我们才这样做的！"

乌鸦王说："我可不管这些，你们今天打了我，把我打成了'落汤鸦'，绝对不准走出这片森林。"

远远和凌凌听了，"哇——"的一声，大哭起来。周围的乌鸦一起大声地叫起来，像是在嘲笑他们。

乌鸦王说："哭也没有用！谁叫你们进入我们的森林，还打了我？"说着，头一低，叼起身边的一只虫子吃起来。

凌凌灵机一动，说："乌鸦先生，如果我给你们好吃的，你能放我们走吗？"

乌鸦王说："你有什么好吃的？先拿出来吧。"

凌凌听了，把魔法盘子拿出来，念动咒语，变了一盘又一盘的虫子。乌鸦王吃饱了，周围的乌鸦也都吃饱了。

这时，乌鸦王想，这些小朋友有打我的石头、有变东西吃的盘子，不知道另外那个小朋友还有什么宝贝。如果把这些宝贝都抢过来，那谁也不敢与我为敌了。嘿嘿，让我先试试那个小朋友吧。

于是，乌鸦王说："你们虽然打了我，但我也吃了你们的东西。我想看看你们还有什么本领，如果能让我满意，我就放你们回家。"

静静想了一下，说："我会变魔术。"说着，拿出魔术帽，一变，变出一只兔子来。

乌鸦王看了，哈哈大笑。它朝周围的乌鸦大叫一声："弟兄们，把他们给我抓起来，把他们的东西给我抢过来。哈哈，有了这些宝贝，我们就谁也不用怕了。"

远远、凌凌听了大惊。只有静静不慌不忙，她拿出帽子在远远、凌凌眼前一晃，一下子变出了两支猎枪。远远和凌凌赶紧各拿起一支猎枪，朝天空"砰砰砰"连放了三枪。

乌鸦们听见枪声，大惊失色，一下子全飞走了。乌鸦王虽然受了一点伤，但摇摇晃晃地飞得最快。

天空变亮了，森林里的道路变得清晰起来。三位小朋友高高兴兴地回了家。

后来，这座森林里再也没有闹过乌鸦。人们走过这里的时候，再也没有迷过路。

这个故事的好多情节都是凌凌设计的，比如，她说自己要一个能变出美味零食的魔法盘子，这样就可以变出好多好吃的东西来。于是，我给静静安排了魔法帽，远远拥有了魔法石，让凌凌有一个魔法盘，满足了她的愿望。讲到乌鸦王不准他们走出森林，原本仅仅讲凌凌被吓哭了。对这个情节，凌凌不满意，她说："不能让我一个人哭啊！"按照她的要求，我把情节改成远远和她都被吓哭了。在最后，本来是安排远远一个人放枪的，因为远远是男孩子嘛！可是，凌凌又不干了。我又改成"远远和凌凌赶紧各拿起一支猎枪，朝天空'砰砰砰'连放了三枪"。诸如此类，改了好多地方。可以说，凌凌在这篇故事里也倾注了她的智慧和思考。

我把这个故事的文字稿整理出来后，特意打印出来给凌凌看。她看了很兴奋，还要我反复念给她听，真是百听不厌。

后来，我把这个故事署上我和凌凌的名字，用电子邮件发了出去。几个月后，这个故事发表在《优秀童话世界》（2012 年第 5 期）这份杂志上。我把这个消息告诉凌凌，她非常高兴。通过这次合作，极大地提升了她编故事的信心。

是啊,所谓"创作",就是这么一回事。

每个家长和孩子,都是潜藏在生活中的优秀作者,只看你是不是想去"潇洒写一回"了。

3. 让孩子自己试着编故事

编故事不仅可以锻炼孩子的语言能力,更重要的是能够锻炼孩子的逻辑思维能力。当然,独立编讲一个故事,对低龄儿童来说有一定难度,这时不必强求。随着孩子慢慢长大,可尝试让他编讲一些故事。一切都循序渐进,不能操之过急。拔苗助长的结局,每位家长都是很清楚的。

第一,让孩子复述读过的或听来的故事。

每个孩子都有讲故事的天赋,就在于他想不想讲给你听。和孩子关系亲密的家长,孩子特别喜欢把自己看到的、听到的事情转述给家长听。孩子希望和家长一起分享他的快乐。这其实是复述故事的开始。这时候,我们要认真倾听,并不时提醒和鼓励他,帮助他把正在讲述的事情讲完。讲完后,要记得赞美和表扬,激发他讲述的兴趣。

我们要有意识地请孩子讲故事。我们可以这样对他说:"爸爸已经给你讲了三个故事,你能不能给爸爸(妈妈)讲一个故事啊?"如果孩子不愿意,也不要紧,一切慢慢来。或者,想想其他招数:"我们来一场讲故事比赛怎么样?爸爸每次讲三个,你每次讲三个,谁最后没有故事讲了,谁就输了。"这样的比赛,尽管让孩子赢。赢了几次后,下次他就可能会主动要求和你进行比赛了。只要把孩子的兴趣挑动起来,他自然不会把讲故事视为难事了。

让孩子复述故事,一定要从容易的入手,比如,《狼和小羊》《守株待兔》《掩耳盗铃》等,都是比较简单的故事。等孩子复述这些故事没有困难了,再慢慢过渡到《小马过河》《三只小猪》等难度稍微大一点的故事,再往后,就可以复述一些更复杂的故事。孩子的记忆和思维能力有一个发育过程，复述故事由易到难，不仅符合规律，也能够助推孩子的思维发育。

回想起来，女儿凌凌是喜欢和我分享她所看到的故事的，哪怕只是一个简单的情节，只要她觉得有趣，都会认真地讲给我听。

凌凌快四岁时，看了一集《米老鼠和唐老鸭》动画片，里面演绎了一个小龙卷风的情节。那时，我在外地出差，一回到家，凌凌就给我讲动画片里龙卷风的故事，她一边在客厅里走动，一边把手在头上转来转去，嘴里"呜呜呜"地叫着，模仿龙卷风飞舞的样子，生动极了。

凌凌刚上小学一年级时的某个清晨，我送她去上学。路上，她把从书上看到的两个故事讲给我听。第一个故事：给小狗建厕所要分男、女，"男"的要竖一根电线杆，下面放一点沙子，"女"的则没有。因为男小狗撒尿要对着电线杆。第二个故事：有一条金鱼，别人骂它"神经"。金鱼却毫不气恼，承认自己是"神金"。因为它认为自己确实是一条神奇的金鱼。她的故事逗得我哈哈大笑。我的神态也让她感到很得意。

孩子的潜能是无穷的，体现在讲故事上也是如此，只要我们愿意去引导和开发它。

第二，让孩子独立编写故事。

独立编写故事比复述故事要难得多。再者，每个孩子的兴趣偏好不一样，不是所有的孩子都喜欢听故事、编故事。这方面不可强求孩子，要尊重孩子的选择。如果孩子对编故事有兴趣，不妨多鼓励他，引导他动脑编故事。通过编故事，可以锻炼孩子的情节组织、语言表达能力，对以后写作文等很有帮助。

编故事的方式有很多种，简单一点的话，让孩子口头编，边讲边完善，虽然不一定精彩，不一定完整，但重要的是孩子自己在动嘴、在思考。哪怕他讲了一个小小的段落，都值得肯定和鼓励。

稍复杂一点，可以让孩子用图画的方式来描述故事情节，这和口头表述相比难度要大一些，但和纯文字比起来又简单一些。对在读小学低年级的孩子，不失为一种办法。凌凌上小学一年级时的某一天，放学回家后画了几幅图，名字叫《火柴人》，还把这个故事讲给我听。这不就是独立编故事吗？

还有一次，我们一家三口到郊区洗温泉。回来后的第二天，凌凌主动画了八幅图依次如下：

（1）画了一辆车。表示一家人开车去温泉。

（2）画了一座房子，上面写着"宾馆"二字。指一家人入住宾馆。

（3）画了一座房子，上面写着"汤泉宫"三个字。这是里面建有温泉池的房子。

（4）画了三个人泡在温泉里。

（5）画了一个人坐在"水帘床"上冲水。

（6）画了三个人躺在休息区的温热石板上休息。

（7）画了几个小朋友在儿童温泉池里玩水球。

（8）画了三个人回到宾馆休息。

这八幅图按时间顺序排列，从先到后，完整描述了我们一家人洗温泉的过程。凌凌还主动拿起图画，给我和她妈妈讲了一遍。她妈妈的评价是：画得很贴切，讲得很精彩。

可见，让孩子自己以图为辅编故事，是行得通的。

最难的，当然还是编纯文字的故事。但有了口头复述、图画表达等作基础，编写文字故事应该不那么难了。孩子到了小学三年级之后，加上有书写和作文训练，编写文字的故事完全成为可能。凌凌读小学三年级时的寒假里，有一天心血来潮，主动写了一段故事叫《未来世界》，说是要去投稿。后来因事耽搁了，没有写完。我认真读了她写的文字，感觉很有创意、很有想象力。

未来世界

有一天晚上，我躺在床上，总是睡不着。过了一会儿，我迷迷糊糊地发现，我居然坐在一张飞毯上！上面有一个小精灵，身体是天蓝色的，头上的小触角一摆一摆的，像电视上的天线一样。两只可爱的豆豆眼底下，长着一张典型的三瓣嘴。它的手脚都是剪刀手——只有两根指头。

它看到了我，说："呀！你醒来了，你想时空穿梭吗？"

我激动地说："想，非常想！"

"那好，"它缓缓地说道，"我这儿刚好有一台时空穿梭机，你想去什么时代？"

我思考了一会儿，说道："我想去未来世界，可以吗？"

它说："可以，当然可以！不过你只能玩到中午12点，不然就有可能回不来了。而且，你要穿上这件衣服。"

说完，它变魔术似的从背后拿出一件衣服递给我。我看了一眼，嘴上答应着"好的"，心里却想：不就是一件普通的衣服吗，有什么用啊？

它好像读懂了我的心似的，说："这件衣服可不是普通的衣服，穿上它可以飞起来，而且你想要什么，只要把手放进口袋里，再拿出来，你的手上就会出现你想要的东西。"

于是，我坐上了一台奇怪的机器。小精灵摁下了一个按钮，我偷偷溜到它那里看了一眼。呀！按钮上居然写了两个小字：未来。

"嗖"的一声过后，穿梭机突然停了下来。

小精灵对我说："已经到了，快下来吧。"

我兴奋地走下机器："咦？怎么街上空荡荡的，一个人都没有？"

"现在是休息时间，当然没有人出来。要不我先带你去一个五星级酒店订房间吧，顺便休息一下。"接着它从口袋里拿出两朵云，让我坐在一朵云上。

它问我："你准备好了吗？咱们要出发了。"

我回答："准备好了。我们出发吧！"

我感觉自己离地面越来越远，好像飘起来了一样。我往下一看。哇！我居然在天空中飞行！小精灵指着我坐的那朵云介绍："这是未来的交通工具，你想去哪儿，它就会带你去哪儿！"过一会儿它又说："好了，咱们到了，快下去吧！"

我下了云朵，看见一栋豪华的房子，墙壁是鲜艳的绿色，样子像别墅。我一进去，就有很多服务员小姐齐声对我说："您好，欢迎光临高级酒店。请问您要订房吗？"

我连忙回答："当然，当然要订房，请问有什么房间？"

服务员说："有标准间，需要 267 未来币；还有豪华房，需要 399 未来币。您要哪种房？"

"那就豪华房吧，反正我有很多未来币。"

我交给她未来币，她给了我一张卡，上面写着"918"三个数字。

……

故事没有写完，但是可以看出凌凌编故事的能力了。我把这段故事放到一个育儿微信群里，引来一片称赞。我把这些赞美的声音转述给凌凌听，鼓励她继续写完，她很开心。我想说的是，让孩子独立编写故事，并不是没有可能，就看我们怎么引导。而且，这种编写训练对于发展孩子的逻辑思维能力和写作能力，有极大的促进作用。

第五章

在故事里传递正能量

每位家长对孩子的期许不一样，在每位家长的心里，都给孩子画了一张自己所理解的蓝图。我们希望孩子长大后做什么呢？有的家长希望孩子成为大企业家、大老板，有的家长希望孩子成为政府要员，有的家长希望孩子成为科学家……套用"一千个读者眼中有一千个哈姆雷特"这句话，也许可以说"一千个家长眼中有一千个孩子的未来"。

　　可以肯定的是，大多数家长都希望孩子成龙成凤、出人头地，成为社会上公认的成功人士。或者，至少要比自己这一代人活得更好、更有质量。

　　这样的想法是可以理解的。"青，出于蓝而胜于蓝；冰，水为之而寒于水。"从理论上来讲，这确实具有一定的可能性。

　　但是，美好的理想最终是否都能变成现实呢？

　　试想，世界上的"成功人士"终究只占全球总人口的少数，能攀上金字塔顶部的人毕竟有限。芸芸众生，注定要在一个适合自己的位置做一些平凡的工作。

　　那么，对于孩子的成长，我们是否就听天由命、不管不顾了呢？这当然也不行。家长付出的多少，依然是孩子成长的关键。我们不要把自己不能实现的理想强加于孩子身上，也不能超越孩子的心智，强迫孩子去完成不可能完成的任务。

　　就我来说，我最大的期待就是希望孩子身体健康、精神愉悦，说白了，就是身心健康。

只要有了"健康"这个基础，不管将来从事什么职业，不管赚取金钱的多少，孩子应该都是快乐的。

凌凌读小学三年级时，我曾经以我和她妈妈的名义给她写了一封信，回顾她成长的历程，也表明我们对于她成长的态度。这里不妨把信的全文录在下面，与大家分享。

给女儿凌凌的信

凌凌：

记得有一次我们谈到写信的问题，你问我们："为什么不给我写一封信呢？"是啊，为什么不给你写封信呢？或许是工作的繁忙，或许是琐事的困扰，我们竟把这件事情疏忽了。其实，爸爸、妈妈有许多话要对你说，也一直思量着要给你写这封信。虽然它来得可能迟了一点点，但它仍然饱含着我们对你的挚爱、对你的希望、对你的期许。

这些天，我陆续翻阅了过去的日记，眼前依稀浮现出你成长的每一个场景。你从刚刚长牙到独立吃饭，从扶墙走路到四处乱跑，从牙牙学语到流利说话，每一个进步都令我们惊喜和快慰。这是你的身体在长大啊！身体是一切活动的基础。没有好的身体，任何美好的想法都只能是不切实际的幻想。看着你一天天健康、茁壮地成长，我们心里由衷地高兴。我们看到，一岁时，你能轻松地爬上床去，穿着鞋子在上面走来走去，任凭妈妈在下面气得直叫唤；两岁时，你经常和我们去湖边散步，追逐着来踩我们的影子，跑得那样快；三岁时，你已能勇敢地和我们一起去爬长城，走很远很远的山路，登很陡很陡的台阶；四岁时，你能轻松自如地玩各种健身器材，平衡的功夫比我们要强得多；……而现在，你在学校老师的培育下，熟练掌握了跑步、跳绳、篮球、游泳等运动项目的技巧，你自己学会了骑自行车、玩跳跳杆、溜蛇形板等，身边的朋友们都亲切地称呼你为"运动小达人"。这一切似乎自然而然，但我们知道你也付出了许多努力。我们为你感到骄傲。有一个好的身体，比什么都重要！

同时令我们感到欣慰的是，你是一个热爱学习和思考的孩子。还在你很小时，有一次爸爸给你讲故事，平日里都是讲三个的，那天破例给你讲了四个，你高兴地说："真是白捡了个大便宜！"像喜欢听故事一样，你对阅读也同样上心。很小的时候，你就自己阅读绘本，然后是半文半图，到上幼儿园大班时，你已经能较轻松地阅读纯文字读物。而且，打小起，你就养成了阅读的习惯，善于利用空闲时间阅读，一有空就拿起书来看。阅读使人进步，体现在你身上，最明显的是表达能力的长进。在四岁时的一个下着蒙蒙细雨的黄昏，妈妈去幼儿园接你回家，走在街上，你突然很诗意地说了一句："天上下起了瓢泼大雨。"用词虽然不准，但看出阅读对你的影响。你告诉妈妈："这不是故事书上说的吗？"如今，你能不太费力地写一些短文或片段，除了老师的精心培养外，大部分原因要归功于自己的学习和阅读。孔子说："学而不思则罔，思而不学则殆。"他的这句话告诉我们，学习和思考必须结合起来。你可能没有接触过这句话，但令我们一直很开心的是，你热爱思考，你的脑子里装满了各种各样的问题。还在读幼儿园时，你就经常问我们：鸭子为什么会游泳？鸡为什么不会游泳？鸭子走路为什么一摇一摆的？鸡鸭为什么会生蛋？纸为什么可以折东西？椅子是怎么做成的？这些问题看似简单，却常常令我们绞尽脑汁。你要知道，这个世界上，有许多问题是没有答案的，但你的询问使我们知道你一直在坚持思索。这是很好的习惯。世界是无穷无尽的，学问也是无穷无尽的。你要一直保持着学习和思考的热情，这样，你的人生将是充实快乐的。

一个人，除了身体好之外，品德的塑造同样重要。这方面，你也令我们自豪。你懂礼貌、守规矩，见到长辈知道尊重，遵守学校纪律，在过马路时还经常提醒我们不能违反交通规则。你通情达理，从不固执地要我们买这买那、提出过高的要求，偶尔会因为我们没有答应你的要求而有些不快，但这些小烦恼很快就被你排解得烟消云散。你开朗、大方，不管是在学校里还是在小区里，都有一帮好朋友，你和他们热闹地交谈、玩耍，生活充满了笑声。你很坚强，不轻易哭泣，打针不哭，摔得很痛也不哭，因此有些小朋友敬佩地称呼你"女汉子"。你能吃苦，善于适应不同的环境，和爸爸、妈妈回湘西老家看奶奶，帮奶奶烧火、喂鸡，到地里挖红薯，引得村里人一阵称赞："这个孩子不像城里人，有我们山里人的耐劳品行。"所有这些美好的品质，将是你在今后的日子里最宝贵的财富，也将是你战胜一切艰难困苦的重要力量。你要继续坚持！

你是一个全面发展的孩子，作为爸爸妈妈我们为你自豪。你应该感受得到，我们深爱着你。因为爱你，我们希望你改正自己的缺点。比如，在家里做事要更加利索，不要有意无意地拖延；比如，要更好地爱护自己的视力，一双明亮的眼睛将为你增添更多的魅力。当然，改正任何一项不足，都不那么容易。你要相信，无论做什么，爸爸妈妈始终陪伴着你，陪伴你学习、陪伴你玩耍、陪伴你成长，包括陪伴你改正缺点，就像这么多年来，爸爸坚持给你讲故事、妈妈坚持陪你做作业一样，直到有一天，你长大成人，能够独自翱翔。

爸爸妈妈要提醒你的是，你现在所在的学校是一所充满了书香的学校，你的班主任老师是一位非常优秀的老师，你的任课老师是一个很棒的教学团队，你所在的班级是一个和谐向上的班级。你要好好珍惜在学校、班级里和老师、同学相处的每一个日子，认真学习，健康成长！

爸爸、妈妈从来不会给你太大的压力。我们对你最大的期待，就是希望你身体健康、精神愉悦！如果能做到这些，你必将拥有一个成功快乐的人生。这也是爸爸妈妈对你最好的祝愿！

就写到这吧！

祝福你，宝贝！

爱你的爸妈

2015 年 3 月 21 日春夜

应该说，这封信基本表达了我和孩子妈妈的育儿观。核心意思无非是要孩子身体好、心理好。至于其他方面，比如孩子的能力高低、日后要达到什么成就等，则可以放在次要的地位。作为家长，可以尽量为孩子的学习、成长创造好一点的条件，但不可苛求孩子实现不现实的目标，给孩子太大的压力。这封信后来在微信朋友圈里广为流传，不少朋友以"一封感人的信"为题做了转发，说明大多数家长对我们的育儿理念还是比较认同的。

前不久，我和凌凌共同阅读了美国作家怀特的童话故事《吹小号的天鹅》，里面有两个有关教育的情节令我很感动。我和凌凌做了讨论，她也觉得很受启发。

情节 1：萨姆在上课时，老师出了一个问题："如果一个人一小时能走三英里，四小时能走多少英里？"萨姆的回答是："这要看他走完一个小时以后有多累。"老师居然同意了

111

萨姆的观点:"我一直认为那个人四小时可以走十二英里。不过萨姆说不定是对的:走完第一个小时以后,那个人可能不会那么精神十足了,他可能拖着腿走,他可能慢下来。"

情节2:夏令营的一个孩子不喜欢天鹅路易斯,老师是怎么教育他的呢?他说:"你不用喜欢鸟。如果这是你的想法,你就继续不喜欢鸟好了。每个人都有他喜欢或不喜欢的权利,有保持他的偏见的权利。……但不要忘了,路易斯是你的辅导员之一。不管你喜不喜欢它,你都必须尊重它。"

上面这两个情节,有一个共同的元素:尊重。我们既要尊重孩子,也要让孩子学会尊重。就像第一个情节里描述的那样,孩子回答的并不一定是我们所期待的标准答案,但不能因此否定他的想法,打击他的积极性和自信心。同时,如第二个情节所示,要告诉孩子,这个世界上有很多你不喜欢的人、不喜欢的事,但在人生道路上,我们不得不面对这些人和事,这就需要我们有一个科学、合理的态度,完全任性而为,只会自食苦果。

儿童教育的目标,是要塑造健全的人格。大教育家蔡元培曾说过:教育者,养成人格之事业。然而,到底怎么对孩子进行人格教育,不论是在理论上还是在实践上,教育界进行的探索都很多,没有固定的模式和定论。上面提到的《吹小号的天鹅》中的两个情节,大概可以看作人格教育的具体实践吧。

回到故事教育的范畴来,我们对孩子进行人格教育,到底该讲什么样的故事呢?对这个问题,我看了些资料,做了些思考,与一些家长也做了些探讨。综合所看、所思和部分家长的观点,我认为,处在成长阶段的孩子,性格、品质等正在塑型之中,我们讲的故事,要对孩子面对和适应这个世界有所帮助。不管岁月如何变迁、社会如何改变,数千年来,人类一些美好的品质持续流传了下来。这些品质,值得我们在各自人生的旅途中坚守，孩子长大以后，也需要坚守这些品质，让这些美好不断地传承下去。

我们讲的故事具体要涵盖哪些品质呢？这实在太宽广了，姑且举几个例子吧。

坚持、勤奋

"坚持"和"勤奋"都是值得赞美的品质。并且，这两种品质是能够在后天培养的。一个人或许不那么聪明，但他对于自己认准了的事情坚持不懈、持之以恒，勤勤恳恳地去做，本身就值得肯定。他做的事情最终是否成功，可能有待许多综合性因素来决定。然而，我相信，他在做这个事情的过程中一定过得很充实，一定得到了锻炼和成长。

况且，这样的坚持和勤奋，在大多数情况下，都取得了令人满意的结果。

我一直不太赞成一味夸奖孩子聪明，但绝对赞成培育孩子坚持和勤奋的美好品行。聪明这种品质在很大程度上与天生的智力有关，而且，一味地表扬孩子聪明，容易助长他的骄傲自大情绪。坚持和勤奋这样的品行，对于人生的每个阶段都有重要意义。如果能让孩子养成坚持、勤奋的品质，有助于他走好自己的人生旅程。

古今中外，关于坚持和勤奋的故事很多，适合孩子听的浩如烟海。我们可以有意识地择取一些故事，讲给孩子听。

这里，我依然要推荐怀特的《吹小号的天鹅》。我曾经给《天涯读书周刊》写过一篇文章《通过奋斗获得解放》来推荐这个故事。"通过奋斗获得解放"这个标题，基本揭示了整个故事的主题。奋斗，需要坚持和勤奋。我在文章中概括了这个故事的内容：

路易斯是一只吹号天鹅。不幸的是，他一生下来就叫不出声音，这实在是一种悲哀。怎么办呢？如果吹号天鹅不能发声，他怎么生活呢？

为了交流，路易斯去学校学会了写字。可问题是，没有一个动物能识字。他写下了自己的心思，却没有动物能够理解他的意思。甚至，他对着自己心爱的天鹅姑娘塞蕾娜写下"我爱你"，她也无法明白他的深情。

好在他有一个深爱他的爸爸——哪一个爸爸不爱自己的孩子呢？爸爸冒着生命危险，从乐器店里偷来了一把小号。于是，路易斯这只吹号天鹅真的变成了吹小号的天鹅。从此，音乐成了他的语言。他可以通过吹奏小号实现与其他动物的交流、沟通。当然，这不是一帆风顺的，他得反复练习，还割开了右趾蹼，以便能按住小号的键。

最后，他战胜了许多艰难，凭借演奏小号，攒够了钱（小号是爸爸偷来的，他要用这些钱去偿还），还收获了与塞蕾娜的爱情。

听过这个故事或阅读过这本书的孩子，会有一种感动，也将受到激励。浙江一位女教授在给我的微信中说："《吹小号的天鹅》是孩子最喜欢的作品。小学阶段，他无数次重温这个作品。"这位教授有着多年的育儿经验，她用自己孩子的阅读感受，表达了对这部作品的热爱。我想，这是有说服力的。

《吹小号的天鹅》中透露和散发着坚持和勤奋的品质，确实值得推崇。汉朝有诗写道："少壮不努力，老大徒伤悲。"唐朝书法家颜真卿有一首著名的《劝学诗》："三更灯火五更鸡，正是男儿读书时。黑发不知勤学早，白首方悔读书迟。"《增广贤文》中有句话："书山有路勤为径，学海无涯苦作舟。"鲁迅也说:"'不耻最后'。即使慢,驰而不息,纵会落后,纵会失败,但一定可以达到他所向的目标。"这些诗歌和警句告诫我们,无论是读书、学习,还是做事情,都要坚持不懈、勤奋不息。

在我国古代,这类故事也很多。比如,"囊萤映雪""凿壁偷光"等故事,已经流传上千年,大家耳熟能详,都是关于坚持和勤奋学习的。这里再举一个书法家张芝勤奋学习书法的事例吧。

张芝"临池"

东汉时有一位著名的书法家,叫张芝,字伯英,他在"章草"字体的基础上创造了"今草"字体,人们称他为"书圣"。他每次练完字,都在一个小水池里清洗毛笔和砚台,日积月累,水池里的水竟然变成了墨一样黑。后来有人用"学书临池,池水尽墨"来形容他的这种勤奋与刻苦,"临池"也就成了练习书法或书法作品的代称。

这个故事告诉我们,要想取得成功,必须坚持不懈地练习。张芝练书法是这样,做其他事情也应该这样,天下的道理都是相通的。

善良、勇敢

善良是一种优异的品格。

我们这一代人,小时候,父母就经常教育我们要"行善积德",认为保持善良的品行,可以为自己和后代换来福报。俗话说,"善有善报,恶有恶报","善恶到头终有报,高飞远走也难逃"。有副对联这样写道:向阳门第春常在,积善人家庆有余。这些俗语、对联,表达的是同样的意思。这些说法，蕴含了一些因果报应的迷信思想，但动机没有错，它们是劝人践行善良的理念。诸葛亮在《出师表》中说："勿以恶小而为之，勿以善小而不为。"

这个世界需要善良，也不能没有善良。"善较之美价值更高。"给孩子讲一些关于"善良"的故事，培育孩子善良的品行，塑造孩子从善的心灵，教育孩子与人为善，对于孩子的成长大有好处，对于净化整个社会环境也大有益处。

英国作家王尔德的名作《快乐王子》可看作赞誉"善良"品行的典范。

这个故事的大意是这样的。

快乐王子的雕像高高地耸立在城市上空一根高大的石柱上面，他漂亮极了。有天夜里，一只小燕子从城市上空飞过，它就在快乐王子两脚之间落了窝，准备在这里过夜。

燕子看到，本来快乐无比的快乐王子，因为看见城市中所有的丑恶和贫苦，忍不住哭泣。他是多么善良啊！

这时，他看见远处一个女人坐在桌旁绣花。床上躺着她生病的孩子。孩子在发烧，嚷着要吃橘子。可是，女人太贫穷了，无法满足孩子的要求。快乐王子对燕子说："你愿意把我剑柄上的红宝石取下来送给她吗？那个孩子太饥渴了，他的母亲伤心极了。"快乐王子的满脸愁容叫燕子的心里很不好受。燕子从王子的宝剑上取下那颗硕大的红宝石，用嘴衔着，飞到女人房子里，将硕大的红宝石放在那女人身旁的桌子上。

又一个夜晚来临了。王子看见城市那一头有个年轻男子正在写一个剧本，又冷又饿。王子请燕子取出他的一只眼睛，这可是由稀有的蓝宝石做成的，给年轻的剧作家送去，好让他换回食物和木柴，完成他的剧本。燕子按照他说的做了。

燕子本来是要走的，在王子的请求下，它又陪王子过了一夜。这一夜，王子发现下面的广场上有一个卖火柴的小女孩，既没穿鞋，也没有穿袜子，头上什么也没戴，还把火柴弄丢了，丢了火柴，她的父亲会打她的。王子请燕子取下他的另一只眼睛，送给了小女孩。

王子从此看不见了。本来要到埃及去的燕子，主动留了下来。"你现在瞎了，"燕子说，"我要永远陪着你。"

燕子给王子讲了自己飞行中的许多见闻，王子听得很认真。但王子说："你为我讲了好多事情，可是更稀奇的还要算那些男男女女所遭受的苦难。小燕子，你就到我城市的上空去飞一圈吧，告诉我你在上面都看见了些什么。"燕子飞过了城市上空，看见富人们在寻欢作乐，穷人们在忍饥挨饿。燕子把所看到的一切告诉了王子。王子决定把贴在身上的黄金片送给穷人。燕子按照王子的要求，把黄金片一一送给了穷人。

天气越来越冷。有一个晚上，燕子死了。王子那颗铅做的心裂成了两半。市长和参议员们把王子的像推倒了，并把它重新熔化，只有那颗铅心熔化不了。

上帝没有忘记王子和燕子，他对天使说："把城市里最珍贵的两件东西给我拿来。"于是天使就把铅心和死鸟给上帝带了回来。上帝说："在我这天堂的花园里，小鸟可以永远地放声歌唱，而在我那黄金的城堡中，快乐王子可以尽情地赞美我。"

王尔德是一个唯美主义者，他写的童话故事显示出一种凄美，把人深深地打动和感染。《快乐王子》这个故事，完美地展现了快乐王子和燕子的"善良"品格。快乐王子看到穷人艰难的生活状态，献出了自己身上所有的一切。燕子不辞辛苦地为王子奔走，按照王子的要求，把王子身上的东西一一送给那些最需要的人，把这种伟大的爱传递到人间。最后，燕子陪伴着王子，死在了王子脚下，这样的结局震撼人心。特别是市长和参议员推倒王子雕像的丑恶行为，与王子、燕子的善良品行形成了鲜明对比，更反衬了王子、燕子的伟大。

女儿凌凌很喜欢这个故事，她完全能够分辨其中的善恶。当我和她讨论这个故事时，她为快乐王子的倒塌和燕子的死去感到痛惜，也对市长和参议员们的行为表示痛恨，一个劲儿地说："太坏了！"她能说出这样的话，我想，在她幼小的心灵里，一定接受了"善"的精神洗礼。令人欣慰的是，王尔德给《快乐王子》安上了一个光明的尾巴。这样一来，让孩子听这个故事时，感到坚持善良终究还是会有一个好的结果，增强了对保持善良品行的信心。

从《快乐王子》这个故事可以看出：善良不等于懦弱。快乐王子和燕子有一颗伟大的善良之心，他们为了别人能过上好的生活，甚至献出了宝贵的生命。这需要多么大的勇气！英国有句谚语说得好，"行为最勇敢的人心地总是最善良！"善良和勇敢是紧紧联系在一起的。

所以，在给孩子讲关于"善良"的故事时，别忘了讲一点展现"勇敢"品行的故事。

我给凌凌编过一个《大战蝗虫怪》的故事，讲述她和静静、远远三位小朋友帮助村里人战胜蝗虫怪的故事，展现了小朋友们面对蝗虫怪勇敢无畏的品质。她听了，当然感到高兴，深受鼓舞。

大战蝗虫怪

秋天到了，外婆家周围的稻田变成一片一片的金黄色。稻子成熟了，黄澄澄的一眼望不到边。

人们准备收割稻子，他们要把一年的劳动成果收回家中的仓库里。看到金黄而饱满的稻子，大家的脸上都绽放着笑容。

就在这时，一阵巨大的轰鸣声传来，天空中飘来一大朵乌云。不一会儿，"乌云"飞了下来，落在金黄色的稻田里。

大家跑过去一看，原来是一群蝗虫，它们正在吃稻子。人们立刻拿出工具，拼命地想把这些蝗虫赶走。可是，这些蝗虫一点都不听话，它们猛吃着稻子。人们看到这样的情景，心痛极了。

就在恐惧、惊慌、焦急的时候，大家发现，这群蝗虫的行动都听一只大蝗虫的指挥。而这只大蝗虫就停在外婆家前面的一棵大树上。人们来到外婆家，把这个秘密告诉了外公、外婆和静静、远远、凌凌三位小朋友。大家说，如果能把这只蝗虫怪杀死，其他蝗虫就会散去，村里的庄稼就有救了。

可是，这只蝗虫怪实在太大了，有一头猪那么大。它飞起来的时候，能发出飞机一样的轰鸣声。它的嘴也特别大，就在人们谈论的时候，它"呼"的一声冲下来，把外婆养的一只母鸡抓走吃了。

静静、远远和凌凌恨得牙痒痒，他们说："我们一定要把它打败！"大家听了，都夸他们勇敢，并且愿意和他们一起把这只蝗虫怪赶走。

静静、远远和凌凌商量了一下，决定造一支大大的箭，把蝗虫怪射死。远远在书上看到过造箭的知识，他先设计了图纸，然后请大人们到山上砍来一根很大很大的竹子，造了好大好大一张弓。

弓造好后，他去找了一根长长的棒子，把一头削尖了，架在弓上，当作箭。他看看弓和箭，想了想，觉得箭不够锋利。于是，请村里的铁匠伯伯打了一个铁箭头，安装在那根棒子上。

大家移动弓箭，瞄准蝗虫怪。可是，那把弓实在太大了，三位小朋友试了试，全部的力气都使了出来，根本拉不开。只好请大家来帮忙，十多个大人，好不容易才把弓拉开了。

远远在边上指挥，他看大家把弓拉满了，就发出口令："预备——放！"只见那支大箭"嗖——"的一声，朝蝗虫怪射去。

大家以为，蝗虫怪肯定完蛋了。只要被射中，蝗虫怪必死无疑。蝗虫怪听见响声，回头一望，看到一个大大、尖尖的棒子朝自己飞来。"呀——"它吃了一惊，大叫一声，腾空飞起，用翅膀一拨，大箭被拨落到对面的水田里去了。蝗虫怪见到有人欺负它，发起怒来，扇动翅膀朝人们飞过来。三位小朋友反应快，看到蝗虫怪飞来，大叫着"快跑"，和大人们一起跑进外婆家的房子里，把门关紧。

蝗虫怪"砰砰砰"地撞了一阵门，怎么也撞不开，就放弃了。它把外婆家晒在外面的谷子吃了一些，又飞到大树上去休息了。

大家松了一口气，商量怎么办。静静说："刚才，我们用了这么大力气，还是没有成功。能不能想一点其他的办法？外婆家东边是一大片水塘，我们把蝗虫怪引到水塘里去，能不能把它淹死呢？"

大家都觉得这个办法可以试一试。可是让谁去引蝗虫怪到水塘里去呢？静静说："主意是我出的，就让我去吧！"

大人都夸静静勇敢，远远和凌凌看着静静，露出敬佩的眼神。

静静用棍子举着一条大鱼，来到门外。她慢慢走到离蝗虫怪不远的地方，把鱼举得高高的。蝗虫怪闻到鱼香味，拍动着翅膀冲过来。

　　静静赶紧往水塘跑去。蝗虫怪一路追过去。大家十分紧张，心都提到嗓子眼了。只看静静跑到水塘边，蝗虫怪也追到了水塘边。蝗虫怪伸出它的长脚向静静撩去，眼看就要打着了。静静动作好快啊，她把鱼往水塘里一扔，反身朝房子里跑来。蝗虫怪不管那么多，朝着那条鱼扑了过去，在水塘里溅起了好大的水花。

　　大家以为蝗虫怪一定会被淹死，哪知，它不但没有沉下去，还用后腿用力一蹬一蹬，边吃鱼边游水，看上去很惬意。

　　这次危险的战斗又失败了。

　　"水淹不死它，火，能不能烧死它呢?"正在大家垂头丧气的时候，凌凌说。

　　大家一听，有道理。是啊，也许火可以烧死蝗虫怪呢!

　　静静、远远、凌凌和大人们来到屋前的空地上，放上木柴，点起一堆大大的篝火。

　　谁去引蝗虫怪下来呢?

　　凌凌说:"这回该轮到我了!"

　　大家陆续走到屋子里藏起来。

　　凌凌把一只肥鸡放在火上烤，烤得油滋滋的，香味随着风，朝着蝗虫怪栖身的那棵树上飘去。

　　蝗虫怪闻到了香味，立即扇动着翅膀，急不可耐地飞过来，像一架小飞机，笔直地俯冲下来。

　　凌凌等蝗虫怪飞近，把烤得正香的鸡往火中一抛，自己飞快地向后跑去。

　　蝗虫怪也不管凌凌，瞅准那只熟鸡冲了下去。

　　当它嘴里咬住熟鸡的时候，只听"轰——"的一声，两股巨大的火光从身边升起来。蝗虫怪觉得很疼，拍了拍翅膀想飞起来，可没什么反应，一点儿用都没有。火继续熊熊燃烧，蝗虫怪感觉自己也变成了火，慢慢消失了。

大家都跑了出来，欢呼着。

原来，蝗虫怪那双半透明的翅膀，虽然十分有力，但经不起火烧。它扑向熟鸡的那一瞬间，翅膀就被烧没了。只见它庞大的身躯扭动了几下，最终被烧死了。

蝗虫怪死后，那些小蝗虫死的死、飞的飞，很快就消失得无影无踪。村子里恢复了往日的宁静和美丽。人们收割回金黄的稻子，真是一个丰收的好年成啊！

现在，村里的人们还经常说起大战蝗虫怪的事情，说到静静、远远、凌凌的勇敢，大家都会竖起大拇指："三位小朋友真棒！"

这个故事以凌凌和她熟悉的小朋友为主人公，讲他们面对困难毫不畏惧，为了他人的利益勇敢地站出来，最后战胜了蝗虫怪，凌凌听了当然十分开心。

这对于培养她的勇敢品格，应该有一些帮助吧！

负责、诚信

敢于负责、诚实守信，是中华民族的传统美德。负责、诚信，这两者也是联系在一起的。早在几千年前，孔子在《论语》中就强调，要"敬事而信"，意思就是要"认真负责地对待工作，诚实无欺"。

引导孩子养成这样的品格，不仅对于孩子个人的成长有助力，而且对整个社会风气大有益处。如果每个孩子长大后都能认真地工作、诚实地生活，那我们这个社会将是何等美好啊！

社会主义核心价值观对公民个人层面的要求是：爱国、敬业、诚信、友善。这里面的敬业、诚信，就是要求我们工作负责、诚实守信。负责，就是要敢于承担责任。

现在的孩子，生活条件优越，物质生活丰富，许多事情都不需自己动手，父母为他们撑出一片无忧无虑的天空。这样的情况下，如果不加强教育和引导，他们很难意识到自己的责任是什么。人是社会性的动物。人活在这个世界上，要承担多方面的责任，如对自己的责任、对家庭的责任、对朋友的责任、对工作的责任、对社会的责任等。生活在父母庇荫下的孩子，很可能会觉得一切都有父母挡着，自己管这些事干什么呢？因此，多给孩子谈一谈责任是很有必要的。

关于责任的故事很多，前面提到的怀特的《吹小号的天鹅》，就充分体现了"责任"二字。我在评介这篇童话的文章中写了这么一段话：

> 责任，是这部童话的一个重要关键词。路易斯四处打工挣钱，历尽艰辛，攒够赔偿小号的钱；天鹅爸爸像偷小号时一样，再一次冒着生命危险，飞去找乐器店主还钱。且不提对于家人、朋友的责任，单是这两个举动，就充分显示了敢于承担、敢于负责的精神。对于目前社会上弥漫的金钱至上、敷衍塞责的一些恶风，不正是最好的反讽吗？

就天鹅路易斯的责任心问题，我和凌凌有过谈论，从她的言语中可以感到她被路易斯的这种精神感动了。

有一则流传甚广的故事叫《少年里根的故事》，许多家长大约在一些杂志或网站上读到过。这则故事以生动的情节，阐述了"什么是责任?""作为孩子该怎样承担责任?"等问题,适合讲给孩子听。

在这则故事里,里根的父亲告诉了里根怎样对自己的行为负责。我们作为家长,不仅可以给孩子讲述这个故事,而且从中也可得到"怎样当家长"的教育和启发。

诚信的故事同样很多。

《史记》里面记载了一个叫季布的人,这个人非常信守承诺,当时有个传言,说是"得黄金百斤,不如得季布一诺"。就是说,季布的承诺比百斤黄金还要值钱。什么意思呢?那就是,只要季布答应了的事情,他一定会千方百计地去帮你办到。后来,季布遭到追捕,许多他曾经帮助过的人,哪怕冒着生命危险也愿意保护他。这充分说明了诚信的重要性和价值。

"尾生抱柱"这个成语讲的也是诚信的故事。古代有个叫尾生的人,和一个女孩子约会,约会的地点安排在桥下。等了好久,女孩子没有来,尾生坚守着约定在桥下等待。哪知道,河里发起了大水。尾生还在那里等待,大水冲过来时,他只有抱着柱子,结果被淹死了。这个尾生有一点迂腐,不知变通,连自己的生命都不知道保护,但他那种诚实守信的精神,是值得肯定的。对这个故事的概括,还有另一个成语"尾生之信",突出的就是一个"信"字。

我给凌凌讲述这些故事时,凌凌只是笑笑而已。或许,这些古代的故事对于孩子来说有点儿深奥,似懂非懂,大约能懂得其中一部分意思,但对背后蕴含的深层含义是不太明白的。

这个时候,可以换一些简单点儿、对孩子有亲和力的故事。比如,《狼来了》这个故事,就是告诉孩子不要讲谎话。一个孩子反复喊"狼来了",狼并没有来,大人们赶来救他,发现上当受骗了。等后来狼真的来了,这个孩子再喊"狼来了",大人们以为孩子又在骗他们,没有再赶来。故事的结局可想而知。情节虽然简单,孩子却听懂了。由此也知道,对大人不能说谎,说谎是要付出代价的。

我们这一代人，在小时候上语文课时，都读过《列宁打碎花瓶的故事》，故事的大致情节是这样的：

列宁打碎花瓶的故事

列宁小的时候，有一天跟着爸爸、姐姐到姑姑家里做客。姑姑家里有好几个表哥、表姐，都很喜欢列宁，列宁也喜欢和他们一起玩儿。

这天，他们在姑姑的房间里玩"捉人"的游戏，追的追，逃的逃，热闹极了。列宁跑得很快，不小心碰了桌子，"啪"，桌子上的花瓶掉在地上打碎了。多好看的玫瑰花瓶，打碎了多可惜呀！孩子们一下都呆住了。

表哥、表姐都说："不是我打碎的。"

列宁呢，害怕姑姑责怪他，也跟着说："不是我打碎的。"他的声音很低很低。

姑姑说："你们谁也没有打碎花瓶，那么一定是花瓶自己打碎的了，大概它在桌子上站得心烦了，所以就掉了下来。"

一个表哥说："大概这个花瓶想跟我们一起跑一跑，所以从桌子上跳下来，可是它忘了自己是玻璃的，就打碎了。"

大家听他这么一说，都笑起来，只有列宁没笑，不声不响地跑到另外的房间里，坐在桌子前。他心里很难过，因为他说了谎。

他回到家里，晚上躺在床上，想着，想着，忽然哭起来了。

列宁把自己说谎的事告诉了妈妈。

妈妈说："这不要紧，明天你写封信给姑姑，承认自己说了谎，她一定会原谅你的。"

列宁这才安心睡下。

过了几天，邮递员给列宁送来一封信，啊，是姑姑给他写的回信！列宁连忙把信拆开来看。姑姑在信上说："你做错了事，敢于自己承认错误，就是个好孩子。"列宁把姑姑的回信给爸爸妈妈看，爸爸妈妈都称赞列宁是个诚实的好孩子。

或许，不少家长一听到主人公是列宁这样的革命家，就会觉得故事的内容过于"高大上"，感到有距离、太遥远，孩子不易接受。其实不然，这个故事里，列宁的角色就是一个孩子，他和其他孩子一样，害怕被责怪。他承认错误也经过了一番内心里的挣扎。这些心理，孩子是很容易理解的。

我把这个故事讲给女儿听了后，她觉得列宁做得对，认为好孩子不应该讲谎话。

一位幼儿园的老师在博客里介绍了用这个故事教育学生的经历。她说，自己教的班里，一段时间孩子说谎的现象很普遍，每次他们犯错的时候，都说："不是我！不是我！"起初，孩子们犯了错，她会严厉批评他们，有时候还会打他们的小手，久而久之，小朋友做错了事都不敢承认是自己做的。孩子们知道：只要做错了事，就一定会被老师骂。为了躲避惩罚，孩子们学会了说谎。这样下去当然不行。这位老师就给孩子们讲了《列宁打碎花瓶的故事》。孩子们听得很仔细。这位老师告诉孩子：做错事没有关系，但是不能说谎。最终的效果怎么样呢？这位老师写道："到现在，虽然班里面总有小孩做错事，但大部分都会主动承认自己的错误，不像以前总是推到别人身上或说谎了。"

这说明，这样的故事虽然有一点说教的意味，但孩子是能够理解的，也是可以对孩子的心灵形成正面影响的。

友爱、感恩

人活在世上，不可避免地会和他人交往。这样一来，人和人的相处，就成了一门学问。《论语》中说："礼之用，和为贵。"中国的传统文化强调"和谐"，社会主义核心价值观里提出要建设"富强、民主、文明、和谐"的国家。怎么才能让整个国家、社会达到"和谐"呢？途径和方法实在太多了，可以列出一大串来。但搞好思想教育，从小教育孩子对人要"友善""友爱"，知道感恩，应当是助推社会"和谐"一个很重要的手段。

孔子指出，年轻人应当"入则孝，出则悌""泛爱众"。孔子的这个教诲写进了孩子们熟读的《弟子规》里。《弟子规》开篇写道："弟子规，圣人训。首孝悌，次谨信。泛爱众，而亲仁。"用现代的话翻译过来，这段话的意思是，"弟子规是圣人的教诲。首先要孝顺父母，敬爱兄长，其次要谨言慎行，诚实可信，博爱大众，亲近有仁德的人"。

仔细思考一下，可以发现，这段话的核心思想是在教育我们：要对人友爱，懂得感恩。

古人尚且如此，我们更要把这些美好的品质坚持和传承下去。

给孩子讲"友爱"的故事，用故事来感染、触动孩子，我愿意推荐怀特那篇著名的《夏洛的网》。这个童话故事赞颂了朋友之间无私的友谊，饱含着真挚的感情，令人十分感动。著名儿童文学作家高洪波对《夏洛的网》有很高的评价，他认为，"怀特的《夏洛的网》就非常优秀，讲一个蜘蛛怎么挽救一头猪，构思奇特，显出温馨的智慧。夏洛是一只蜘蛛，威尔伯则是一头小猪，当小猪不可避免地要走向它一生的终点时，夏洛在自己的网上织出了一些赞美这只小猪的字样，从而使小猪在展览会上赢得风光，活了下来。夏洛在剩下最后一口气时，为威尔伯编织了最后一个奇迹，这种奇特而温馨的友谊感染了无数的人。"

《夏洛的网》这本书很容易找到，我给凌凌讲完后，又陪伴她阅读了一遍。至今，我们还不时提到这个故事，夏洛那种友善的情怀深深地打动了我们。

我给凌凌讲过一只蟋蟀的故事，这个故事同样烙上了"友爱"的印记，情节很离奇，值得给孩子讲述，或者引导孩子阅读。这就是美国作家乔治·塞尔登的《时代广场的蟋蟀》。故事的梗概是这样的：

时代广场的蟋蟀

蟋蟀柴斯特一直生活在康涅狄格州的乡村。因为被旅游者野餐中的腊肠美味所吸引，闯进了食物篮，一路惊险地到了纽约，"降落"在时代广场一个报刊亭边上。

这只蟋蟀的城市之旅拉开了序幕。

庆幸的是，它碰到的第一个人就是小男孩玛利欧。这个善良、可爱的小男孩，立刻成了柴斯特的好朋友和保护神。他喜欢它、理解它、呵护它，使它能够顺利地生活下去，帮助它渡过许多难关。

在城市里，柴斯特还收获了塔克老鼠和亨利猫的高尚友谊。柴斯特不小心损坏了报刊亭的钱币，塔克老鼠用自己苦心积攒的钱替它还上；报刊亭发生火灾后，它们一起肩并肩共渡危难。而且，猫和老鼠帮助柴斯特学会了不少音乐曲目；它们经常在一起开派对；在柴斯特怀念家乡想急流勇退时，猫和老鼠理解它的选择，想办法送它踏上回乡的火车……

在城市里，柴斯特成为音乐盛宴的制造者。一只乡下蟋蟀，不仅进了城，而且能演奏不同的音乐。它获得了巨大的声誉，收获了无与伦比的赞美。

可是，城市虽好，终非久恋之地。就在柴斯特在城市里逐渐如鱼得水的时候，它开始怀念家乡。它的内心不断响起一个声音，催促它回到康涅狄格州的乡下。

故事的结局是，柴斯特听从了心灵的召唤，踏上了归程。

对这个故事，可以作多种解读。我和凌凌讨论时，回顾了一些有趣的情节，聊到了两种观点：

第一，这是一个关于自由的故事。

蟋蟀柴斯特从笼子里跳出来时，感叹道，"能够自由自在的，可真让人开心"，"再没有什么事情比自由自在更棒了！"柴斯特最后放弃了城市里的"成功"生活，按照内心指引，回到了故乡，实现了心灵自由。

第二，这是一个关于故乡的故事。

柴斯特虽然来到了繁华都市纽约，但自始至终没有忘记故乡。不管是人还是动物，故乡的存在，都是一种精神上的安慰和皈依。在和凌凌讨论的时候，我引用了沈从文先生的话："一个士兵要不战死沙场，便是回到故乡。"凌凌似懂非懂。孩子这代人，在城市长大，故乡观念渐渐淡化，通过这样的讨论，倒是可以增强她的故乡意识。

以上两种观点有些深奥，是我们讨论后我总结出来的。如果仅从凌凌的感性认识看，她印象最深的是柴斯特蟋蟀、塔克老鼠、亨利猫三者之间的纯真友谊。她说，猫和老鼠本来是一对敌人，它们却结成了好朋友。它们和蟋蟀并不相识，却尽自己最大的能力帮助它。只要柴斯特遇到困难，它们就会挺身而出，和这只蟋蟀站在一起，共同度过艰难的时刻。它们在生活中积累了深厚的感情，当柴斯特要回到乡下时，它们舍不得，但它们尊重柴斯特的选择，想尽办法送它上了火车。我和凌凌谈论这个故事时，她不时会提起柴斯特蟋蟀、塔克老鼠、亨利猫之间发生的种种情节，她真的被它们之间的情谊打动了。

这就是纯洁的友谊。

讲这样的故事，有助于孩子理解什么是友情，还可以从中学到与朋友相处的一些理念和技巧。

伟大的友谊是主动、相互地给予，不要求任何回报。但我们对别人给予的友谊和帮助不能无动于衷。知道感恩的人，内心充满了友善，也必定收获更多的快乐。我们要珍惜长辈、朋友甚至陌生人给予我们的帮助，在可能的情况下，要多做好事，多帮助别人。就像歌曲《感恩的心》的一句歌词："感恩的心，感谢命运，花开花落，我一样会珍惜。"

感恩的故事有很多。

古人说："滴水之恩，涌泉相报。"意思是说，对于别人给予的恩惠，要加倍报答。由于这种理念的盛行，历史上出现了许多感人的报恩故事。有的人为了回报主人的知遇之恩，甘愿去当刺客，帮主人刺杀仇敌；有的人为了报答主人给予的帮助，一辈子给主人做牛做马。这些故事的思想比较复杂，有些还比较血腥，许多不适合讲给孩子听。有一些故事讲述感谢父母之恩的，比如"卧冰求鲤""郭巨埋儿"等宣讲"二十四孝"的故事，出发点虽然很好，但情节比较陈旧，不适合现代社会，鲁迅先生也批判过，讲给孩子听不适宜。这就需要我们放开眼界，从古今中外的故事中去认真地选择，把适合孩子听的感恩故事摘出来。

感谢父母之恩的故事，我们经常可以读到。"乌鸦反哺""羔羊跪乳"就属于这一类，说的是动物对父母的感恩，内容对孩子有启发意义。讲这类故事，必须加以引申，不能把成语念完就算了。一位网友这样来描述小乌鸦的"反哺"：

爸爸妈妈老了。长大的乌鸦没有忘记爸爸妈妈的哺育之恩，学着爸爸妈妈的样儿，天天飞出去给爸爸妈妈找东西吃。不管是刮着大风，还是下着大雨，小乌鸦一点儿也不怕。它从东飞到西，从南飞到北，找到了吃的就叼回来，一口一口地喂它的爸爸和妈妈。爸爸妈妈吃饱了，它自己才吃。小乌鸦多爱它的爸爸和妈妈啊！

这样一讲，故事生动多了，孩子才喜欢听。

名人孝顺、感恩父母的故事也经常能够听到。这里不妨举一个《陈毅给母亲洗尿裤》的故事：陈毅担任副总理兼外交部长后，工作繁忙，一次去探望重病的母亲，发现母亲换下的尿裤还放在床边，陈毅不顾母亲的劝阻将尿裤和一些脏衣服拿去洗得干干净净。

这个故事令人感动，其中有两点值得注意：第一，陈毅是"大官"，但"大官"有正常的人情冷暖，再忙也要回家看母亲，说明他一直坚守着"孝顺""感恩"这种美好的品质。第二，陈毅的身份很"高"，却愿意给母亲洗尿裤，说明他在母亲面前把自己看得很"低"。感谢母亲的养育之恩，是一种美德，更是一种责任。故事是好故事，充满了正能量。但我们给孩子讲这种故事的时候，一不小心就会陷入说教，可能会不断地教育孩子，引起孩子的反感。讲这样的故事时，建议以启发、引导为主，多问问"你觉得陈毅做得对不对？""尿裤那么臭，如果是你，会去洗吗？"这类问题，让孩子自己去思考，领悟到感恩、孝顺父母的重要性、必要性，转化为内心里的自觉。

感恩老师是感恩故事中常见的主题。师恩难忘，现在的学生考上了好学校，有的家长会举办"谢师宴"，隆重宴请老师，表达的就是这样一种感激之情。我陪女儿凌凌一起认真阅读了意大利作家亚米契斯的名著《爱的教育》中的《囚犯》一章，做了较深入的讨论。故事的主要情节是：一位老师原来在一家拘留所给囚犯上课，其中一个排位第 78 号的囚犯十分认真，学习很刻苦，听讲很专心。这个囚犯是因为把虐待自己的主人打伤了才进监狱的。通过学习，他明白了做人的道理。出狱之后，他没有忘记老师的恩情，特地亲手刻了一个精致的墨水瓶送给老师，表达自己的感恩之情。情节比较简单，但内涵很有意义。凌凌为此写了一篇读后感。全文如下：

凌凌的读后感

这个暑假我读了一本好书——《爱的教育》，这本书的作者是意大利的艾德蒙多·德·亚米契斯，书中用小学生恩利科的口气，写了68篇日记，记录了他从开学到放假整整一个学期的学习和生活，每一篇日记都是一个故事，每一个故事都很感人，让我充分地感受到什么是爱的教育。

其中，我最喜欢的一篇日记是《囚犯》。它主要讲的是一位教师在拘留所给犯人们上课。有一位犯人，他比别人学得都认真，也很尊敬老师。很快，他就学会了读书写字，也明白了很多道理，他很后悔当初那么冲动，打伤了雇主。后来，他又转到别的地方服刑去了。六年后，他们又相见了。犯人送给老师一个墨水瓶，墨水瓶上刻着"学习和希望"等字，老师很感动。看完这个故事，我满脑子想的都是囚犯和老师的故事。老师教囚犯读书写字，这是给予；囚犯回赠老师墨水瓶，这是感恩。这真是一个爱的故事。

在今后的学习和生活中，我既要学会给予，把自己的爱分享给他人，也要懂得感恩，对老师、家长、朋友等给予我的爱，心存感激。——通过读《爱的教育》，我也受到了"爱的教育"。

我没想到，凌凌的感受会这么深刻。她读这个故事的时候，刚刚完成小学三年级的学业，正在度暑假。一个九岁的孩子，能写出这样的感悟，说明她真的接受到了感恩教育。这启示我们，给孩子讲故事，或者陪孩子阅读故事，最重要的是要启发孩子思考，让他自己体会故事背后的深意。他自己琢磨、思索出来的一些道理，对他的影响肯定比我们灌输的要长远、深刻得多。

感恩的故事题材相当宽泛，除了感恩父母、老师和长辈，回报他人的帮助，也通常反映在一些历史故事里。比如，汉朝的著名将领韩信，少年时家中贫寒，父母双亡，无以为生，经常饥一顿、饱一顿。淮水边上有个为人家漂纱洗衣的老妇人，人称"漂母"，她见韩信可怜，她就把自己的饭菜分给他吃，韩信深受感动。韩信被封为淮阴侯后，始终没忘漂母的一饭之恩，派人四处寻找，最后以千金相赠。又比如，诸葛亮本来隐居在南阳，刘备三次到访，留下"三顾茅庐"的传说，把诸葛亮请出山来，并极度信任他。为了报答刘备的知遇之恩，诸葛亮鞠躬尽瘁，死而后已，帮助刘备征战四方，建立蜀国。这样的故事很多，都可以讲给孩子听，让孩子了解什么是感恩，懂得为什么要感恩，知道怎么去感恩。

这一部分，我着重谈了给孩子讲故事时要传递的几种正能量，包括：坚持、勤奋；善良、勇敢；负责、诚信；友爱、感恩。这些品质都是正面的、美好的。孩子如果能够具备这些品质，对于他以后的人生之路将会有极大的正向激励作用。我们当家长的，或许应该多抽出一些时间，通过讲故事或其他方式，给孩子的品格"塑型"。可能若干年以后，孩子在家长的影响下形成的某种品格，会成为他搏击人生的核心竞争力。

这里，做两点说明：

第一，这个部分里提到坚持、勤奋、善良、勇敢等品质，仅是我们品行、操守中的一部分。

这个部分里没有提到的一些价值观或品质，如"自由""平等"公正"等，也非常重要，同样值得我们给孩子讲述。我之所以仅选择坚持、勤奋等"正能量"来进行阐述，主要是我对这些品质比较熟悉，其中一些曾以故事的形式讲给女儿听过。有了这样的实践经验，叙述起来相对来说要容易一些，也可信一些。

第二，用故事给孩子传递这些充满了"正能量"的理念、品质，一定要不断地提醒自己：不要说教。

孩子最反感的就是灌输和说教。但我们在讲述这类"道理"性故事时，不经意就会教育孩子"你应该这么做""你和故事中的人相比，还差得远"，批评得多了，孩子不仅不喜欢听你讲故事，只怕对你的感情也会疏远。因此，我们要不断地提醒自己：请注意讲故事的方式，请注意调动孩子思考的积极性，请不要把自己的意愿强加给孩子……

第六章

科普必不可少

故事的题材包罗万象，既可以是人文历史的，也可以是自然科学的。人文历史方面的故事，我们接触得比较多，大多数故事生动有趣，孩子们也爱听。相比科普故事，人文历史故事的讲述相对要容易一些。因此，在这个部分，我想分享一下自己给孩子讲科普故事的一些做法。

一个人生活在这个世界上，不可避免地会接触到一些科学现象。不提那些高深的科学原理，仅仅在日常生活中，我们就会遇到刮风、下雨、打雷等自然现象。孩子们对这些现象当然充满了好奇。他们也许会问，"为什么要刮风啊？""天上怎么会有雨水呢？""世界上真的有雷公吗？"这些问题就涉及科普。

庞大、丰富的世界对于孩子来说，有太多未知的事物值得探索和追问。凌凌五岁多时，曾经问过我一些问题，比如，鸭子为什么会游泳？鸡为什么不会游泳？鸭子走路为什么一摇一摆？鸡、鸭为什么会生蛋？到后来，凌凌问的问题的难度越来越大。比如，第一只乌龟是哪里来的？第一条鱼是怎么出现的？为什么有外星人？天上的星球是怎么来的？孩子的心中有无数个问题，展现了他们对世界的浓厚兴趣。要知道，这个时候的凌凌还没有上小学，就已经问出了这么多的问题。可以想象，随着年龄的增长、知识量的增加，心中潜藏的问题会越来越多。对孩子所提的问题，有许多是回答不上来的。我在日记里记下了自己回答凌凌提问时的感受："面对这些问题，要讲出个所以然来，不容易，有崩溃感。"可以推测，虽然每个家长的知识背景不同，懂得的知识总量有多有少，但对于孩子海量的问题来说，我们每个人都是贫乏的。这很正常，面对深邃的世界，我们所拥有的知识微不足道，没有什么好自卑的。

面对这样的困境，有什么解决之道吗？

我想，给孩子讲讲科普故事，应该是一个不错的选择。不仅可以丰富和提升孩子的科学素养，对于我们家长来说，本身也是一个学习提高的过程。带着孩子一起读一点科普方面的故事吧，慢慢激发他们探寻世界奥秘的兴趣。说不定，孩子因为受某个故事的启发和激励而走上了科学研究的道路呢！

讲科普故事要注意循序渐进

每一位家长大约都给孩子讲过科普故事，买过科普读物。我们家除了经典的《十万个为什么》之外，还选购了《我的第一本科学漫画书·寻宝记系列》、《少儿科普名人名著书系·身边科学》、《从小爱科学·有趣的物理》（全13册）、《从小爱科学·神奇的化学》（全7册）、《宇宙百科地图绘本》、《酷虫学校》等书，数量众多，深浅程度也不一样。凌凌在小学三年级之前，翻阅过的科普书已达100册左右。

给孩子讲科普故事，要遵循由浅入深的道理。孩子的知识背景相对比较薄弱，可能在电视、网络和书本上得到了科学启蒙，了解到一些科学现象，但他们对这些现象蕴含的原理不一定清楚。从简单的故事开始，再慢慢地多放进一些科普的内容，一步一个台阶地往上攀登，不知不觉中，孩子的科学素养就加深了。

1. 从绘本开始

现在编给孩子的科普绘本很多，随便到哪个书店逛一逛，都能看到一大批这样的读物。由美国乔安娜·柯尔著文、布鲁斯·迪根配图的《神奇校车》系列绘本整体质量不错。有一位老师抱着试试看的态度，把《神奇校车》推荐给学生，想不到书在班上一出现，孩子们就抢着读。凌凌的妈妈很早就买了这套书，书买来后，我一边讲，凌凌一边看，她很享受这个共同阅读的过程。这套书中的《水的故事》《在人体中游览》《海底探险》《追寻恐龙》《穿越飓风》《奇妙的蜂巢》《气候大挑战》等，给凌凌留下了较深的印象。这类书还有很多，我国引进了一批韩国教育家编著的少年儿童科普绘本，比如《我的第一本科学漫画书》《大自然科学童话绘本》等。这些书我们都买了，或者是我给凌凌讲读，或者是由凌凌自己翻阅。从阅读感受看，凌凌觉得这些书有意思。她说，班上不少同学也喜欢读这些书。

2. 讲读问答式的科普读物

经典的《十万个为什么》就是这种类型的科普著作，一个问题、一个答案，故事性不强，但解答了科学问题，解释了科学现象，对孩子进行了直观的科普教育。给孩子讲讲这方面的知识，很有必要，可以满足他们的好奇心，呵护他们探寻世界奥秘的热情。目前，这类书在书店里很多，中国的、外国的都有，基本上实现了绘本化，文字短小，图案生动，一页的篇幅解答一两个问题。比如，《我的第一本爆笑知识漫画书百问百答》系列、《怪博士趣味科学问答丛书》等就属于这类书。家长们可以根据孩子的兴趣爱好，挑选一些讲给孩子听。

3. 转向较"正式"的科普故事

对于孩子来说，有一些科普故事虽然写得很好，但比较艰深。法布尔的《昆虫记》很有名，但有些孩子对这部著作的翻译本不一定能看得下去。因此，一些科普工作者花了很多心血，把许多科学知识和科学原理通俗化、简洁化，然后介绍给孩子们。现在的书店里有一类科普书，既不是纯粹的科普绘本，也不是简单的科普知识问答，有较多的文字，同时也不那么难读，适合给有一定科普知识基础的孩子讲读。当孩子读过一些科普绘本、听过一些科普知识问答书后，可以开始给他讲讲这类比较"正式"的科普书。

凌凌的书架上，有《李毓佩数学童话总动员》《谁是胆小鬼，谁又爱干净?》《宇宙中最好看的星星》《可怕的科学》《科学家和他们的疯狂大实验》等一大堆书。这些书文字比较长，知识量较大，和一般绘本比起来，属于较"正式"的科普故事书。我们来看一段英国阿尼塔·加纳利写的《可怕的科学·惊险南北极》中描写"极地居民"的文字（韩庆九翻译）：

因纽特人主要生活在冰冷的阿拉斯加、加拿大北部和格陵兰。在因纽特语中，这个词的意思就是"人"。传统意义上讲，他们在北极游弋，通过捕鱼和狩猎猎取食物。他们的生活随季节的变化而变化。夏天，他们在海边捕捉海豹、鲸鱼和海象，为冬天储存食物。冬天，他们进入内陆捕捉驯鹿。因纽特人从陆上和海上获取生活需要的一切，所以对他们冰天雪地的家园充满敬意。他们小心地不去破坏它。

这段文字概括地介绍了因纽特人的居住环境和生活习惯，含有丰富的信息。在孩子通过阅读绘本掌握一定的科普知识后，给他们讲一讲这类略为复杂的科普故事，有助于丰富孩子的科普知识储备，进一步提升他们在科普学习方面的层次和境界。

这里，我想谈一点体会。给孩子讲科普故事，要把重点放在"讲"上面。不管是科普绘本还是简单的科普知识问答书，最好能给孩子讲读。哪怕孩子有一定的阅读能力，愿意自己阅读，家长也应该待在孩子能找得到的地方。因为科普故事涉及较多科学知识，有一些是孩子不懂的，有一些是能引起孩子新的问题的，孩子在听或阅读的过程中，可能会有许多疑问。如果家长能陪伴在孩子身边，给他"讲"，给他解释，及时回答孩子的提问，孩子的收获和启发必然会更大。

"有趣"十分重要

给孩子讲读《十万个为什么》这类科普读物，是引领孩子了解自然、进入科学世界的基础。这些故事，给孩子提供了一些最基本的概念，使孩子懂得一些最简单的科学道理。但相对来说，由于这类读物都是围绕科学理论来展开的，有时不免显得生硬、枯燥。

为了让凌凌喜欢听科普故事，而不仅仅是照本宣科讲述"科学原理"，我根据科学常识给她编讲过一些故事。这些故事，着力突出趣味性，凌凌很爱听，觉得有吸引力。其中有一个故事《带着青蛙去旅行》，以凌凌和她的表姐、表哥三个人为主要人物，讲述他们带着青蛙旅行的故事，介绍了青蛙的一些特性。

带着青蛙去旅行

夏夜,月光洒在乡村里,外婆家附近的水田里传来一阵一阵青蛙的叫声。

静静、远远、凌凌和外婆坐在屋前的坪子上乘凉。

一只小青蛙蹦蹦跳跳来到他们身边,"呱呱呱——",小青蛙叫起来,像是在向他们打招呼。

小青蛙是静静、远远、凌凌的好朋友,每天晚上,它都会从水田里跳上来,和三位小朋友一起玩。小朋友们很喜欢小青蛙,他们陪着它一起蹦蹦跳跳,给它抓小虫子吃,有时,还让小青蛙和他们一起看动画片。

他们一刻都舍不得分离。

这个夏天,三位小朋友要到海边去度假。他们舍不得小青蛙。外婆说:"你们就带着小青蛙一起去旅行吧。"

三位小朋友精心做了准备。细心的凌凌在自己的背包里专门给小青蛙做了一个小窝,那是一个精致的小塑料盒,里面放了一点水,可以长时间地保持湿润。

为了怕小青蛙寂寞,远远从自己的玩具箱拿出一只玩具跳跳蛙,放到小青蛙的窝里。这可是一只上了发条就能自己跳的铁皮蛙,它的样子像极了小青蛙。有它做伴,小青蛙一定不会感到孤单。

火车"轰隆隆"地向前走。三位小朋友看着美丽的山丘、平原飞快地朝后边移去,他们愉快极了。

和他们坐在一起的,是一个小女孩。他们和小女孩友好地互相问候后,就各自忙自己的事情去了。小女孩玩起了电子游戏。三位小朋友说着大海的美丽,这是他们第一次去海边，他们的心早就飞到了向往已久的大海。

"啊——，有一只青蛙！"小女孩叫了起来。原来，凌凌不小心，盒子没关好，小青蛙跑到了桌面上。小女孩从来没有见过真正的青蛙，见到这么一个绿莹莹的小动物，吓得大叫起来。

听到叫声，列车员阿姨走了过来，她问："哪里有青蛙？"大家找来找去，都没有看见青蛙。眼疾手快的静静，已经把青蛙放回了凌凌的背包里。

小女孩说："我刚才确实看见了青蛙，好像就是从那里跳出来的。"她用手指了指凌凌放在身边的背包。

列车员阿姨对凌凌说："小朋友，你是不是真的带了一只青蛙上车？带着青蛙不要紧，但是如果让其他小朋友受到惊吓，在下一站停车的时候，你们就得把它处理好了才能上车！"

三位小朋友看了看列车员阿姨，觉得有一点委屈，他们觉得小青蛙很可爱，一点儿都不可怕。

远远这时灵机一动，对列车员阿姨说："阿姨，我们确实带了一只青蛙，但只是一只玩具蛙。"说着，让凌凌从背包里拿出玩具蛙来。远远上好发条，那只玩具蛙在桌上跳来跳去，列车员阿姨笑了，小女孩也被逗得笑起来。

三位小朋友松了一口气，在心里说：好险啊！

傍晚的时候，三位小朋友来到海滨小城。

这是一座美丽的小城，夕阳西下，把小城的房子染成了金黄色。空气很湿润，弥漫着特有的海腥味。

三位小朋友来得不是时候，这几天来小城看海的人特别多，他们找了好久，才找到一家旅店。

这家旅店非常破旧，也很脏乱。在他们出来的时候，外婆告诉他们，小朋友要学会适应各种恶劣环境。走进旅店房间的时候，他们记起了外婆的话，他们想：一定要忍耐和适应，让外婆放心，让外婆为我们骄傲。

他们很快就睡着了。一天的火车旅行，真累啊。远远打了几声小呼噜，突然觉得脸上有些痒。"啪——"他一巴掌拍在自己脸上，原来是一只大蚊子。"啪——""啪——"，静静和凌凌也在黑暗中打起了蚊子。房间的蚊子实在太多了。大家开了灯，许多蚊子围着灯光乱飞。凌凌的脸上被咬了好大一个红点，痒得都要哭了。

静静突然想起了什么，说："青蛙不是吃蚊子的吗？我们把小青蛙放出来试一试。"

小青蛙在盒子里憋了一天，心里真难受。把它放出来，可高兴了。它一到灯光下，就见有这么多美味，兴奋得直跳。

只见它东一跳、西一跳，向上蹦一下，又往下蹲一下，不到半个小时，就把房间里的蚊子全部消灭光了。小青蛙的肚子也胀得鼓鼓的。

"呱呱呱——"小青蛙吃饱了，满足地叫起来。

听到叫声，房间外面的蚊子吓坏了，不敢进来了。

三位小朋友熄了灯，安安稳稳睡到天亮。

第二天，静静、远远和凌凌早早地来到了海边。

太阳真好、天空真蓝啊！

三位小朋友找了个地方躺下来晒太阳，他们把小青蛙"搬"了出来，让它一起享受阳光。

沙滩上的阳光，是比较猛烈的。过了一会儿，感到有些热。他们决定到海里去游泳。

三位小朋友泡在海水里，海浪轻轻地拍打在他们身上，真是太舒服了。

小青蛙也和他们泡在海水里。不过，它可没有像他们那样舒服。它在那里挣扎、翻滚，好像非常痛苦。

大家赶紧游上岸去，把小青蛙放到沙滩上。小青蛙似乎好受一点了，但还是无精打采的。

静静想了一想，摸了摸自己的脑袋，恍然大悟。她说："海水是咸的，小青蛙平常生活在淡水里，到了大海里它的皮肤受不了。"

远远和凌凌说："那赶紧去找淡水帮它冲冲吧！"

他们飞快地跑回旅店，给小青蛙洗了个淡水澡，每个人自己也洗得干干净净。这下小青蛙有了精神，看上去比在海水里好多了，三位小朋友也觉得清爽多了。

他们把小青蛙放回凌凌的背包里，准备踏上回家的路。

这次旅行，他们看到了美丽的大海。他们和小青蛙结下了更深厚的友谊。他们说，下次到别的地方去旅行，还要带着小青蛙一块儿去！

这个自编的故事，有两个科学知识点，一是小青蛙的捕食习性，它是吃蚊子等小虫子的，是人类的好朋友；二是小青蛙是在淡水环境中生活的动物，在海水里无法生存。如果很直白地告诉孩子这两个知识点，不仅一下子就讲完了，而且十分无趣。我在编这个科普童话时，特意把两个知识点"稀释"了一下，融入到富有童趣的故事中，从凌凌听后的反应看，效果是不错的。后来，我又将这个故事讲给另外一些小朋友听，他们同样喜欢。

这提醒我们，给孩子讲科普故事，趣味性是重要因素，有趣才能吸引孩子。同时，要注意知识的"量"，如果知识点太多，变成了科学知识的强力"灌输"，不仅达不到科普的效果，还可能引起孩子的拒绝和反感。

当前的科普故事书在"趣味性"上做得很好。几乎所有的绘本，在选题上都会下一番功夫，令人有耳目一新的感觉。凌凌给我看过一本书《儿童百问百答：屎屁》，这个书名连我都大吃一惊，孩子自然也有兴趣"窥探"里面的内容了。

一些比较"正式"的科学故事书，在表述上也注意孩子的接受习惯，尽量写得有趣。我手头刚好有一本给凌凌讲读过的《科学家和他们的疯狂大实验》(迈克·戈德史密斯著，林静慧译)，这是一本科学史，介绍了一些伟大科学家的事迹，写得较为生动。里面有一段专门描写科学家牛顿专注精神的文字：

> 很难想象牛顿是怎样找出这些惊人发现的。不过牛顿认为其秘诀很简单："我总是不停地想。我将物体摆在面前，直到曙光初现、天色大亮为止。"这样做唯一不好之处在于，如此过于专注使得他做其他事情时有些心不在焉。有一次，他牵着辔头领着一匹马上山，到山顶时，他才发现手中只剩下缰绳了。还有一次，人们发现他在厨房里煮一块表，手里拿着鸡蛋。另一次，他邀请一位朋友共进晚餐，他不仅忘了为朋友订餐，而且还忘了朋友来访这件事。幸好，当食物抵达时，他也忘了吃自己的晚餐，所以这位朋友就吃掉了牛顿的那一份。后来牛顿看着空盘子，说道："哎呀，我以为自己还没吃饭呢，原来已经吃过了呀！"

你看，这是一段多么有趣的文字。从我接触的科普故事读物来看，现在大多数科普读物都比较注重趣味性。各位儿童科普作家知道，作品必须有趣，才能对少年儿童产生吸引力。

引导孩子去思考和探索

给孩子讲科普故事的目的，最终是要激起他们探索的兴趣，引发他们对科学现象和未知世界的思考。

科学知识范围很广，包括天文、地理、物理、化学、生命科学等，我们日常接触的每一个领域，都包含着科学元素。许多家长有带孩子逛科技馆的经历，里面涉及的海量科学知识，足以引起我们的惊叹。普通的科技馆所涵盖的科学知识，仅是一部分，要深入了解某个领域的知识，还有许多专门的馆所，比如天文馆、古动物馆等。像这么多的知识，就是最著名、最厉害的科学家都不可能穷尽。

家长要多关注孩子在科普方面的兴趣偏好，依循孩子的知识倾向，有选择地给他讲一些科普故事。孩子喜欢天空，就给他讲天文方面的故事；孩子喜欢海洋，就用故事给他介绍海洋知识；孩子喜欢恐龙，可以给他讲讲远古生物的进化；孩子喜欢机械，那就多讲讲物理方面的故事；等等。孩子的好奇心是无穷的，他可能对各种各样的知识和事物都感兴趣。这样的话，考验我们耐心的时候就到了。这时，最好不要表现出不耐烦的情绪。我们不仅要耐心地给孩子讲故事、解释问题，满足他们的求知欲望，而且要注意引导孩子自己去思考，激发探索的兴趣。

我给凌凌讲科普故事时，总是留下一些空白点，向她提问，和她互动，然后再慢慢揭示答案。我想，有她自己的参与和思考，肯定比单纯听讲或阅读的印象要深一些。有一天傍晚，我带着凌凌去散步。那天天气很好，天上飘着朵朵彩云。凌凌看到彩云，问起关于云的问题，比如，为什么会有云啊？云有那么多形状，到底有多少种云啊？

这些问题，有的我能回答出来，有的我答不上来。回家后，我到电脑上查了资料，编了一个《骑上风筝看云去》的科普童话，讲给凌凌听。讲述过程中，我注意不时停下来和凌凌讨论，启发她的思考。听讲过程中，凌凌是比较专注的。

骑上风筝看云去

春天的村庄，太阳照在田野上，鲜花开放，暖风习习。

静静、远远和凌凌在玩耍的时候，突然想起，这么好的天气，可以放风筝啊！大家跑到村口的空地上，看见许多小朋友在放风筝。

他们三个人赶紧跑回家里，让外公做了一个大大的风筝。这个风筝是个燕子形状的，三位小朋友和外公一起，给风筝画上眼睛、羽毛，还涂上了颜色。

三位小朋友拿着燕子风筝来到村口，小朋友见到这么大一个风筝，都围上来看，叽叽喳喳地议论着。

有的说："这是我见过的最大的风筝！"

有的说："这是我见过的最漂亮的风筝！"

有的问道："这只风筝能飞多高啊？会不会把放风筝的人带到天上去？"

大家正在七嘴八舌议论的时候，一阵大风吹来，把燕子风筝吹上了天。

静静赶紧拉住风筝的线，一边跑，一边松开线轮把线送出去。可是，风筝飞得太快了，一会儿，线全放完了。风筝还在往天上飞，静静两脚跑着跑着就离开了地面。她有点慌，大声喊："远远、凌凌，快来帮忙啊！"

远远、凌凌本来就在她后面跟着跑，听到喊声，加紧跑了几步。远远抓着静静的脚，凌凌抓着远远的脚，风筝带着大家飞上了天空。

三位小朋友刚开始有点儿害怕，凌凌吓得哭了起来。特别是飞了一会儿，静静觉得自己的手快没力气了，如果坚持不住，那大家都会掉下去，这可不是闹着玩的啊！

正在大家全身紧张的关头，忽然见风筝飞到了大家的眼前，它变成了一只很大很大的燕子。它说："小朋友们，到我的背上来吧，我带你们一起遨游天空。"

大家又兴奋又惊奇，赶紧跳到燕子的背上，跟着燕子往上飞。飞着飞着，大家紧张的心放松了。三位小朋友看看天空，看看大地，这种感觉从来没有过，真是新奇极了。

我曾多次带凌凌到公园里放风筝，凌凌对放风筝这种运动是比较熟悉的。由于这个故事的主题是"看云"，而云在高空中，必须到很高的天上才能观察到云，所以设计了这么一个开头。这个开头有点儿长，同时有一点神奇，凌凌觉得有趣。

骑上风筝看云去

燕子继续往上飞，飞到白云中间。凌凌说："我感觉自己像孙悟空，在腾云驾雾呢！"静静、远远点点头，他们的感觉也差不多。

静静用手去摸白云，什么也没有。她说："我还以为云朵摸起来像棉花呢！"

燕子笑了起来，远远和凌凌也笑了。

白云是怎么形成的呢？静静有点儿不好意思。她是三位小朋友中的大姐，读书也读得多一些，但对这个问题确实不太清楚。

她问："燕子，燕子，你能告诉我白云是由什么变的吗？"

燕子说："云啊，其实就是水，不过是很轻很轻的水形成的。你们看啊，太阳照在大地上、江河湖海上，地面上的水蒸发变成了水蒸气。它们往上飘啊飘，越往上温度就越低，这时候，它们就会凝结成小小的水滴或者冰晶，加上空气中有一些很小很小的灰尘，它们就结合在一起。如果太阳照着它们，它们就把阳光散射到各个方向。这就是我们看到的云了。"

"哦——"三位小朋友似懂非懂。

"那为什么云会有不同的形状呢？刚才我们碰见的云像棉花，我知道，还有的云像鱼鳞。"凌凌问。

"呵呵，这位小朋友问得好，"燕子说，"你说的啊，就是云的分类知识。云可以分成很多类。我们刚才见到的，那种像棉花的云，叫作积云。这种云一般离地面不高。它们很蓬松地飘在空中，变幻出各种各样的形状，有的像动物，有的像大树，是不是漂亮极了？"

"是啊，真漂亮啊！"三位小朋友异口同声地答道。

在这一段里设计的问题，是凌凌平时看到云时问过的。讲这一段时，我对凌凌说："你们骑上风筝，马上就要看到什么了？"

凌凌："当然是云啊！"

"你知道云是怎么形成的吗？"

"不知道！"

"云有很多种！"

"是啊，我看到过好多种云呢！"

在这样对话和讨论中，我们展开了上述情节。

骑上风筝看云去

飞了一会儿，燕子开始往下飞。

不久，三位小朋友看到新的云朵。远远像静静一样，也伸手去摸了摸，什么都没摸着。

他说："这些云看上去比刚见的那个云浓一些，可什么也摸不到。燕子大哥，这是不是也叫积云啊？"

燕子说："这是另外一种云。它叫层云，比积云要低一些。你们看，它是不是像高山上的浓雾啊？有时，它也会形成毛毛细雨呢！"

"轰隆隆——"远处传来了雷声。

凌凌大声叫道："打雷了，赶紧回家吧！"

静静抬头望了望，只见远处的高空中有一团黑云，打雷的声音就是从那里传出来的。

静静向那个方向指着，喊道："是那团黑云在打雷。"

燕子说："那团黑云实际上叫积雨云，可以达到几千米高。有它出现，就预示着可能会带来大雨、雷鸣和闪电。看，它正朝我们飘过来，我们得赶紧往下飞。"

燕子带着三位小朋友飞快地往地面上飞。大家听到风声在耳边"嗖嗖"地响。

远远有个问题在心中憋着，过了好一会儿，终于忍不住了。他问："刚才见了层云和积云，还有其他云吗？"

燕子边飞边说："当然有啊。有一种云，在很高的天空上，薄薄的，有一点透明，像丝、像羽毛、像马尾，很分散。这种云，叫卷云，可惜我们今天没看到。"

"呵，原来云有这么多种啊！"三位小朋友惊叹道。

"是啊，"燕子说，"层云、积云、卷云，只是几个大种类，每个种类又分为好多小种类，像积云就有积雨云、高积云等好多种。你们平时可以看看书，多了解云的知识啊！"

"我一直认为云很简单，想不到有这么多的种类，真是太有趣了。"静静说。远远和凌凌也表示，一定要多学习、多了解云的知识。

这一段是关于云的分类知识的。讲这一段时，我和凌凌随意地做了一些探讨。比如，讲到积雨云时，凌凌说："这种云我见过。"说着，她还描述了一番。谈到云有很多种时，凌凌表示许多都没有听说过。我趁机鼓励她，要像故事中一样，多学习和了解云的知识。

骑上风筝看云去

就在大家说话的时候，燕子大喊道："快着陆了，大家闭上眼睛！"

三位小朋友赶紧闭上眼睛，风呼呼地在耳边刮过。

一会儿，只听"砰砰砰"三声轻响，他们轻轻地落到了地上。

大家睁开眼睛，哇——，风刮得真大，雷声还在"轰隆隆"作响。他们的巨型燕子风筝掉在地上，有些地方已经破损，看来经历了长时间的飞行。

空地上的小朋友们在争先恐后地奔跑，要下雨了，得赶紧回家。

外公、外婆拿着雨伞，跑过来接他们。

"我们想看云的书！"他们一见外公、外婆就喊道。外公、外婆一脸茫然，不知道发生了什么事。

三位小朋友有点儿小得意，骑着风筝去看云，不管谁碰上了这样的经历，一定都会觉得神奇啊！

故事的结局是回到了现实世界。

"我们想看云的书。"这样一句看似莫名其妙的要求，既是故事中孩子们的表达，也代表我对凌凌的期许，就是希望她有空的时候，多翻翻科普书，多了解一点科普知识。

回头再看这个故事和给凌凌讲这个故事的过程，重点在于激发孩子自己探寻的乐趣。故事的由头是凌凌提出来的，她本身有这方面的疑问和兴趣，为了解答她的疑问，我费了不少工夫，查阅了许多资料才编成这个故事。在讲述这个故事时，我不断地停下来和凌凌讨论，以此深化她对这些科学知识的印象，引发她探索的念头和想法。这样做的实际效果如何，当然不是一时半会能看得出来，也不是通过讲一个故事就能看出端倪。但我觉得，抱着这样一种理念没有错，让孩子自己开动脑筋，远比我们单纯地灌输要有用得多。若是孩子能主动去追寻科学知识，那我们讲科普故事的目的就达到了。给孩子讲故事，陪着孩子阅读，带孩子逛科技馆，所做的这一切不就是为了激起孩子热爱科学的兴趣吗？

应当说明，以上怎样给孩子讲科普故事的一些经验和做法，带有我的个人色彩，不同的家长有不同讲述步骤和方式还是有一定价值。在给女儿讲科普故事的过程中，我也总结了几个需要注意的问题，这里与诸位家长分享一下，或许会有一些启发和借鉴作用。

第一，讲科普故事要实事求是，不能把自己装扮成无所不知的"科学词典"。

世界上的知识无穷无尽，再厉害的人都无法全部知道。著名的梁启超算是一个非常博学的人了，当年叹息："世界无穷愿无尽，海天寥廓立多时。"他表达的是一种政治抱负和意绪，但也告诉我们：世界无穷，我们很难知道它的全部。名人尚且如此，作为普通家长，更加会有许多未曾知道的知识和事物。讲科普故事时，孩子们往往会问出许多叫人头疼的问题，比如，有次我和凌凌讲到恐龙是怎么灭绝的，她说："我知道恐龙是怎么灭绝的，书上说，有颗大星星撞到了地球上，恐龙就全死了。"但她接着问："老爸，你知道大星星为什么要撞到地球上吗？"说实话，就我的知识视野来说，对这样的问题根本回答不上来。在我们家里，我是学文学的，凌凌的妈妈在大学里教化学，知识结构上算是文理互补，对凌凌的一些知识疑问我俩分工合作，能解答一部分，还有许多解答不上来。我们采取的态度是，"知之为知之，不知为不知，是知也"。对那些回答不上来的问题，我们老老实实地告诉凌凌："这个问题我不知道，答不上来。"或者是："这个问题我要查一下资料，找到答案才能告诉你。"这样做可能影响家长在孩子心目中的"高大"形象，即使如此，也不能随便乱说一通，传授给孩子错误的知识。其实，随着时间的流逝，等孩子长大，他会发现家长的这种做法是对的。

第二，要考虑孩子的心理特点和接受能力，科普故事的知识过于富集不一定是好事。

科普故事包含着科学知识。有的家长可能认为，既然是传授知识，那就应该多讲些知识点给孩子听，一个故事里有七八个知识点多好啊。这完全是一种误解。孩子的注意力和接受能力是有限的。如果一下子灌输给他们过多的知识量，他们很难消化吸收。可以想一想，我们这些成人在读科幻小说时，还常为里面过多的专业知识所困扰，那在给孩子讲述的故事中掺入太多的科学知识，他的感受又如何呢？当然，如果你的孩子是一个天才，那又另当别论了。因此，给孩子讲科普故事时，每个故事里有那么一两个知识点就够了。无论如何，不能把听故事这么一件好玩的事情，变成枯燥的知识灌输。

第三，尽量鼓励孩子自己去思考和寻找答案。

孩子总是比我们想象的要聪明。凌凌六岁时，我有一次陪她看电影《功夫熊猫》。她挺喜欢那只会武功的仙鹤，我们谈到了类似的动物，说起鸭、鹅等。凌凌想了一会儿，找出一个规律，她问我："是不是扁嘴的动物都会游泳啊?"问题虽然简单，但已显出一定的归纳能力。事实上，每个孩子在逻辑思维、归纳、推理、演绎等方面的能力都不弱。给孩子讲科普故事时，要多鼓励孩子思考，注意用一些简单的问题激发孩子开动脑筋。对孩子不明白的问题也不要一味包办，可选择其中一些简单的问题，让孩子自己通过查阅书籍、做小实验等来寻找答案。这样得到的答案，一定会给孩子留下更深刻的印象。真正的好家长，不是单纯地教给孩子知识，更重要的是教给孩子获取知识的方法。

第七章

带魔幻色彩的故事

我们先来看一个故事的梗概：

　　在安第斯山的山脚下住着一对印第安老人和他们的儿子。他们的家境不富裕，但有一块田地，地里长着土豆，而且结得很多，他们每天挖几个，有时可以挖上满满一篮子。一天，老头发现有人偷他们的土豆，就让儿子凯萨去地里看着。原来是天上的星星变成了美丽的姑娘在偷土豆，凯萨抓住了最小最漂亮的姑娘。这个姑娘留下来，嫁给了凯萨。一天，姑娘误穿了银制的裙子，又回到了天上。凯萨历尽千辛万苦，终于找到了她，可惜在回来的路上，她回头看了一眼，又重新变成了星星，再也回不到人间了。

　　这是一个相当精彩的故事，故事里充满了神奇瑰丽的地域风情，那种直率、大胆、浓烈的风格，就像南美洲人热情奔放的性格一样。这个故事的题目叫《天上来的情人》，出自弗·乌勒巴奇创作的《南美洲童话》[1]，这本译著很有些年头了。这本译著包含了几十个童话故事，我利用空闲时间，给凌凌全部讲了一遍。对其中一些故事，凌凌比较喜欢。《天上来的情人》就是凌凌喜欢的故事之一。这个故事本来更

[1]　弗·乌勒巴奇.南美洲童话 [M].黄玉山，译.北京：北京出版社，1982.

长，为了方便阅读，我做了较大篇幅的压缩和改写，但基本保留了原来的情节。凌凌被里面超现实的情节所吸引，觉得许多地方不可思议，同时又十分感人。

之所以在这一部分开头概括地引述这个神话故事，是因为下面我想谈一谈如何给孩子讲述魔幻色彩类的故事。

不可否认，魔幻色彩类的故事时刻围绕着我们，我们不可避免地要和它们接触。比如，我们经常给孩子讲的一些中国传统神话，还有国外的《绿野仙踪》《木偶奇遇记》《爱丽丝漫游奇境记》等故事，这些无一不是带有魔幻色彩的故事。

探讨一下讲魔幻故事的技巧，了解一下魔幻故事的种类，对增强我们讲故事的效果应当有一些用处。

魔幻故事的类型

目前，大概没有谁认真研究过魔幻故事的分类，我也不想和大家进行学术上的研究和讨论。这里，我只是简单地将我们平时接触到的魔幻故事作一些归类，以便于我们从某个角度去认识它、把握它。其实，像我们作为普通家长，也不需要严肃的学术分类，只要在给孩子讲这类故事时，大约知道属于什么类型就够了。

1.传统神话故事和传说

这种类型的故事我们接触得非常多，一点儿也不陌生。我国的文学名著《山海经》《搜神记》《西游记》《封神演义》《聊斋志异》就有浓厚的魔幻色彩。平时，我们从这些古代名著里摘取出个别情节，讲给孩子听，如《盘古开天地》《女娲造人》《后羿射日》《精卫填海》《哪吒闹海》《三打白骨精》等，就属于这一类故事。另外，像我们小时候听过的"牛郎织女""董永和七仙女"等故事，以及当代作家洪汛涛创作的《神笔马良》等神话故事，也属于这一类。

这类故事在全世界范围内都有，各类宗教典籍中也包含了大量的神话传说，各个民族在与大自然的斗争中，也创造了许多类似的故事和传说。

书评人思郁介绍过一个对现代童话和传统童话进行区分的办法，他说，传统的童话故事（如《格林童话》），很大程度上不是创作，主要是收集、加工和改写历史和民间的传说而成。反之，由作者独立创作的童话，才是现代童话。这种区分办法有一定的道理。

给孩子讲读传统神话故事或传说，可以拓展孩子的想象力，增强孩子对不同民族、不同地域、不同文化的了解，开阔他的视野。像听了开头那篇《天上来的情人》，对南美洲人的神奇想象力就会有所知晓，也会知道当时土豆是他们的主要食物。与我国的"牛郎织女"传说比较，这两个故事讲的都是"天上来的情人"，但两者既有相似之处，又有不同之处，通过比较，可以看出中国人和南美洲人在思维方式上的差异。由此可见，讲读这样的故事，确实能够帮助孩子开眼界、长见识。

2. 魔法故事

这个类型的故事，是指以展现魔法为主的故事。

几乎每位家长都知道英国作家罗琳的《哈利·波特》，或者看过同名电影。在这部系列小说中，大部分情节与魔法相关，重点是描写哈利·波特在霍格沃茨魔法学校的学习生活和冒险故事。这套书可以看作魔法故事的代表。

以魔法元素为主体的故事有很多。《格林童话》中的《青蛙王子》

大家耳熟能详。住在井里的青蛙本来是一位王子，被女巫用魔法变成了青蛙。小公主到井边玩，不小心把金球掉到井里，青蛙帮她把金球从井底捞了上来。小公主想给青蛙报酬，可是青蛙不要她的衣服、珍珠宝石和金冠，它只要小公主亲吻它一下。小公主亲吻它的那一瞬间，青蛙身上的咒语解除了，变成了英俊帅气的王子。后来，公主与青蛙王子结了婚，幸福地生活在一起。

同样出自《格林童话》的《六只天鹅》，也以魔法元素为主。一个国王的妻子去世了，留下了六个儿子和一个女儿。国王又娶了一个巫婆的女儿为妻。这个女人从母亲那里学过巫术，她利用魔法把六个王子变成了六只天鹅，只有小公主因为当时没有和哥哥们在一起而幸免于难。公主决定救自己的哥哥，这很不容易，条件是整整六年不许说话，不许笑出声来，在这六年里，还必须用一种很难得的草，为哥哥们缝六件小衬衫。公主历尽千辛万苦，凭着坚强的意志力把哥哥们解救出来，一起过上了幸福的生活。

这样的故事数不胜数。《格林童话》《安徒生童话》《一千零一夜》等经典名著中有许多这个类型的篇目，当代作家也写了不少这样的童话故事，到书店和网上随便就能找到。

我自己也编过这类魔法故事讲给凌凌听，比如说在第4章引述的《乌鸦森林》，完全可看作魔法元素比较多的故事。翻阅日记，发现在2013年9月30日，我编讲了一个《小朋友养狗》的故事给凌凌听，加入了不少魔法元素。静静、远远、凌凌三位小朋友分别养了名叫"白色闪电""超级肥远""黑豹"的三只狗，"白色闪电"的速度比闪电还快，"超级肥远"可以吃下任何东西并将其变成砖块，"黑豹"能够咬碎任何东西。这个时候，一只怪兽入侵村庄，三位小朋友派出了自己的狗，他们互相配合，打败了怪兽。这是在睡前讲给凌凌听的，她听得入神，兴奋得好久不肯睡。可惜这个故事我没完整记录下来，不然就可以在这里和大家分享了。

3. 魔幻童话

很多故事都具有魔幻色彩，其中有些带有魔法元素，但不是以魔法元素为主，对这类童话故事，我们权且把它叫作"魔幻童话"。

美国作家弗兰克·鲍姆的《绿野仙踪》大家比较熟悉。小姑娘多萝茜被龙卷风连人带房子吹到了一个叫孟奇金的地方。恰巧，她的房子在落地时压死了东方恶女巫，救出了北方好女巫。北方好女巫对她非常感激，请她取下东方恶女巫的银鞋。在这个陌生的地方，多萝茜想回家，可是不知道怎么回去，北方好女巫指引她到奥芝国的翡翠城找大魔法师奥芝，寻求回家的方法。在去翡翠城的路上，她遇到了会说话的稻草人，和稻草人一起解救了铁皮樵夫，碰到了无比胆小的狮子。他们齐心协力，终于到了翡翠城。但故事并没有结束，大魔法师奥芝开出了条件，要他们杀死奥芝国的西方恶女巫。他们又踏上了冒险的旅程，经过一次次惊险的奇遇和奋斗，他们终于杀死了西方恶女巫。可是，大魔术师没有兑现诺言，其实他和多萝西一样只是人类，并没有法术。多萝茜他们只好再次出发，去找知道秘密的南方好女巫。南方好女巫告诉她，穿上银鞋就能回家。

这个故事主要讲述多萝茜寻找回家之路的过程，它告诉人们，朋友在一起要团结友爱、互相帮助、共同渡过难关，通过坚忍不拔的努力，一定会达到自己的目的。故事的表现形式不是以魔法为主，但里面有许多魔法元素，如几个女巫的魔法、会飞的猴子、美丽的瓷器城等，都给人十分迷幻的感觉，十分吸引人。据说，2009 年 6 月公映的好莱坞动画片《飞屋环游记》，最初的灵感和创意就是来自《绿野仙踪》。

此外，我们给孩子讲读过多遍的《白雪公主》，里面有一个"魔镜"的元素；几乎每个人都知道的《灰姑娘》，里面有老婆婆用魔法变出的漂亮的礼服、南瓜车、水晶鞋……这些故事没有像《哈利·波特》

那样，以魔法为主要表现手法，但无一例外都有"魔法"的因素在里面闪耀。

这样的童话故事，都应当属于"魔幻童话"。

怎么讲魔幻故事

孩子们几乎都喜欢听带有魔幻色彩的故事。一般来讲，不用担心魔幻类故事对孩子的吸引力。但是，并不能因为孩子喜欢听，家长就随便拿起一本魔幻故事读给孩子听，或者是自己胡编乱造一通、敷衍一番。事关孩子无小事，即使孩子很喜欢听魔幻故事，作为"讲故事的人"，家长也不能心不在焉或者胡讲，有一些因素还是要注意的。

1. 正向激励

作家叶开在自己的微信公众号上推过一篇文章，题目叫《做会讲故事的父亲母亲》。在这篇文章中，他坦陈了自己给女儿编故事的经历。他编给女儿听的故事主角叫"金刚兔"，是一个无所不能的魔幻角色。

每次女儿都指定金刚兔要去跟新的凶猛动物搏斗，有时是暴龙，有时是海妖，金刚兔总是完美地干掉这些大坏蛋，结局让女儿高兴得眼睛闪闪发亮。金刚兔作为超能机器人，干掉碳基生物实在是易如反掌的事，她拼命点头，如释重负。金刚兔配备了各种超能武器，本来是打算拯救地球的，核导弹随随便便搞定，打败凶猛动物岂非易如反掌？小孩子都喜欢为弱小动物报仇，小孩子太喜欢行侠仗义了。

叶开给女儿讲的故事，充满"侠义感"，展现正义的力量，满足了孩子"行侠仗义"的心理，当然带着满满的正能量。叶开给孩子讲的故事，再次勾起了我对故事内容的思考。在第 5 章，我专门谈到讲故事要传递"正能量"，带有魔幻色彩的故事自然不能例外。有些魔幻故事在流传或加工的过程中，混杂了不少思想不健康或迷信的内容。像这样的内容，在给孩子讲解时就要加以选择，要么改编，要么剔除。

我给凌凌编讲过一些魔幻色彩较为浓厚的故事，有些灵感来自《哈利·波特》，有些来自《一千零一夜》的启发，但不管是什么风格的故事，里面传递给女儿的信息都是绝对的正能量，目的就是对她形成正向激励。

这里来看一个《铃铛宝洞》的故事。我初次给凌凌讲这个故事是在 2012 年年初，凌凌未满六岁，她完全能理解故事的内涵，多次要求重讲。在重讲的过程中，我对一些细节做了修改和完善，下面是故事的定稿。

铃铛宝洞

夏天来了，天气变得热起来。

静静、远远、凌凌决定到森林中去避暑。森林里不仅有茂密的树林、美丽的花朵和各种各样的小动物，而且还有一个大山洞。很多人都说洞里有宝藏，但从来没有人找到过。传说只有心地特别纯洁、善良并且特别幸运的人才能得到宝藏。

三位小朋友来到森林，风儿轻轻吹，小草点点头，花儿弯弯腰，小鸟喳喳叫，热情地欢迎他们的到来。他们的心情畅快极了。

走着走着，三位小朋友走到了大山洞前。大山洞前的石头上刻着四个大大的字：铃铛宝洞。

他们打开手电筒，走了进去。里面阴森森的，除了水珠在滴答滴答之外，几乎看不到其他任何东西。里面的温度也很低，冷冷的。三位小朋友头皮一阵一阵发麻，特别害怕。

走了十多分钟，他们看到了一块石头。这块石头不大，像一个小铃铛。旁边刻着一行字："只有幸运儿才能得到铃铛！"谁是幸运儿呢？静静用手去拿那块铃铛石，怎么也拿不动。她想：也许是昨晚我没有帮外婆做家务吧，所以不是一个幸运儿！远远伸出有力的胳膊，使劲儿去搬那块石头，可无论如何也搬不起来。他想：可能是我昨天晚上又尿床了，惹得外婆不高兴，所以不是一个幸运儿！

这时，凌凌走过去，用手轻轻一拉，那块石头马上被拉离了地面，变成了一个铃铛。凌凌轻轻摇了摇，清脆的铃声响起来，悦耳动听。静静和远远想，凌凌一直很听话，这几天的家务活儿都是她干的，老师也经常表扬她，她确实应该是一个幸运儿。

继续往前走，不一会儿，三位小朋友来到了一扇石门前，门上画着一只很大的蝙蝠，他们从来没有见过这么大的蝙蝠。静静上前摸了摸，只见那只蝙蝠从门上飞了起来。——它复活了。它飞到三个小朋友的面前，露出尖尖的牙齿，发出了恐怖的叫声："谁让你们到这个洞里来的？要想往里走，必须打败我。不然的话，我就要吃掉你们。"

远远听了，吓得大哭起来。凌凌也吓得全身发抖，手中的铃铛不自觉地抖出了响声。大蝙蝠听到铃铛声，往后一缩，身体变得小了些。静静看到这个变化，赶紧大喊："凌凌，快快摇铃铛！"

凌凌听见喊声，用力地摇响了铃铛。

铃铛声中，蝙蝠变得越来越小，渐渐变得像蚂蚁那么小，最后化作一缕青烟消失了。

三位小朋友长长地吁了一口气，推开门继续往前走。走啊走啊，约过了半个小时，又看到一扇门。静静上前推了推，这扇门是铁的，没见有什么异常。大家正高兴着，忽然听到"嗞嗞嗞"的声音，一条大蟒蛇突然出现在眼前，不断吐着红红的舌头，样子十分吓人。静静吓得"哇——"地大叫起来。凌凌和远远虽然站得远一些，但也一下子呆住了。停了几秒钟，静静反应过来，连忙大叫："凌凌，快摇铃铛啊！"

凌凌听了，反应过来，赶紧摇响了铃铛。只见大蟒蛇像那只蝙蝠一样，变得越来越小，最后化作一缕青烟消失了。

大家歇息了一会儿，让"怦怦"跳的心平静下来，定了定神，继续往前走。又走了约半小时，三位小朋友被一阵亮光吸引住了。大家停下来，仔细一看，原来是一扇金光闪闪的大门。静静上前去推了一下，十分惊奇地喊道："呀！真的是一扇金子做的门呢！"正要伸手去摸，远远好像看到了什么，赶紧叫："慢着！"静静吓得退了一步。原来，远远眼尖，看到了闪闪的金光中有一条龙的影子。大家瞪大眼，只见影子越来越大，慢慢变得清晰起来，一会儿，竟然真的变成一条金色的龙。

金龙说："我是这个洞里最强的守卫，谁也别想打败我，谁也别想进这个洞！"

凌凌一听，赶紧摇响了铃铛。金龙听见铃铛声，呵呵一笑，说："原来是幸运儿来了，那我就让你们进去吧！你们每人可以挑一样东西。"说完，化成一阵轻烟飞走了。

三位小朋友推开门进去。只见有一个金色蝴蝶结、一个冰激凌盒子、一个药瓶。静静一看，马上选了蝴蝶结；远远一看，立即选了冰激凌盒子；凌凌呢，主动选了药瓶。

静静戴上蝴蝶结，一下子变得非常漂亮。远远打开冰激凌盒子，盒子里不断变出美味的冰激凌。他们俩高兴极了。

凌凌打开药瓶，只见一粒药丸，边上有张纸条：专治老年人的病。凌凌想，这个宝物正好可以给外婆治风湿病啊！

三位小朋友走出山洞，三重门一一关上了。这时，小铃铛又变成了小石头。凌凌把这块小石头放到原来的地方，刚一放下，洞壁上就出现了一行字："有爱心的小朋友才能成为幸运儿！"

静静和远远看看凌凌，不好意思地低下了头。

这个故事的结构比较简单，相似情节，三次反复，步步深入，孩子听起来不会感到累。在编内容时，费了一点心思，我有一个目的，就是教给孩子一些做人的道理，形成正面的鼓励，但又不能冷冰冰地说教。

于是，我设计了"幸运儿"的情节，故事中，凌凌因为经常干家务活儿，得到老师的表扬，成为"幸运儿"，而另外两个小朋友因为这样那样的缺点，没有成为"幸运儿"，对比一下，凌凌就知道干家务活儿等是值得赞美和肯定的事情。

在结尾处，我设计了拿宝藏的情节，凌凌拿了给外婆治病的药，其他两位小朋友拿的却是自己喜爱的东西，显然，她更有爱心，完胜他人。

通过这两个"桥段"，凌凌知道了，自己应该做有爱心、爱劳动的人。并且，在整个故事中，凌凌无疑是主角中的主角，每次惊险之处，都是因为她的作用，使大家化险为夷，这就给予了她很高的成就感，赋予她正向的激励和引导。

据日记记录，2012年3月7日傍晚，我把《铃铛宝洞》给凌凌讲了一遍，这已经不知是第几次讲这个故事给她听了，但因为"把她写得很光辉。听完后，她有点儿小得意"。同年5月12日，幼儿园要求每个孩子自己做一本图画书，凌凌对我说，把《铃铛宝洞》做成书吧。我和凌凌合作，我写文字，她画图片。我将这个故事做了改编，压缩了篇幅，我写一段文字，凌凌画一张图片。连封面一起，一共约有 8 张图片的任务，凌凌画得很快，图片符合文意所述。我们一起做了近两个小时，用订书机订好。封面写上作者的名字，下面拟了一个出版社的名字，"幸福家庭出版社"，封底还写了"责任编辑 责任校对 妈妈"以及定价和版权号等，非常像一本书。这个过程中，凌凌再次加深了对故事的印象。故事里表扬她经常做家务，做书的这天午饭后，她主动把碗洗了，真的做了一次完整的家务。——这大约体现了故事激励的实际效果。

2. 有魔幻感

既然是讲魔幻故事，就一定要有魔幻感。

怎样才能让故事具有魔幻感？让孩子听了还想听，念念不忘，欲罢不能？

第一，要有魔幻元素。

没有魔幻元素的故事，当然不会有魔幻感，也称不上魔幻故事。不管是古代的神话传说，还是现代的魔法故事，之所以具有魔幻效应，就是因为它们中间有许多魔幻元素，都超越了现实。我们如果要给孩子编讲魔幻故事，不妨大胆想象，加入一些魔法、超能、神怪等因素，让孩子真切感受到"魔幻"的氛围。

第二，情节要离奇。

魔幻故事几乎都是离奇的，不离奇怎么称得上"魔幻"呢？给孩子讲故事时，可以夸张一点，正如前面提到的叶开给女儿讲故事时，"每次女儿都指定金刚兔要去跟新的凶猛动物搏斗，有时是暴龙，有时是海妖，金刚兔总是完美地干掉这些大坏蛋，结局让女儿高兴得眼睛闪闪发亮"。这不是离奇是什么？也只有这样，孩子的好奇心才会不断被调动起来，不断地想听下去。

第三，画面感要强。

现在的孩子大多看过一些魔幻色彩的动画片或者电影，在脑海里储存了许多画面。我们讲的故事，如果能通过一些细致的描述，让孩子在脑海里勾画出生动的场景和画面，效果一定会不错。比如说，讲到魔法的神奇性，我可以让孩子想到用魔杖一点，许多神奇事物瞬间呈现的画面；讲到巫婆，可以让孩子想到骑着扫把飞行的画面；等等。因此，讲故事时，要尽可能像描述场景或画面那样，有动作，有细节，与孩子已有的"魔幻经验"相印证，留下的印象会更加深刻。

给故事披上魔幻的外衣，要有一定的技巧，但并不是很难。以上讲到的魔幻元素、离奇情节、画面感等，只是几种手段而已。在现实生活中，有些家长可能会有更好的办法。比如，曾听一位家长说，他有次给孩子讲故事的时候，将家里的照明灯熄灭，换上了几盏彩灯，烘托出一种魔幻温馨的气氛，孩子觉得很新奇。这位家长用营造环境的办法来增强讲故事的效果，不失为一种有益的探索和尝试。

我给凌凌编讲过一些魔幻故事，《铃铛宝洞》的编讲手法相对来说比较传统，有点儿像常规的神话传说。为了进一步突出魔幻色彩，我还编讲过一个《三个小巫师》的故事。

三个小巫师

微风吹来，花儿飘香，这是外婆家的一个美好早晨。

静静、远远、凌凌早早地起了床，拿着扫帚打扫房间，打扫屋外的空地。

远远说："我来玩一个魔术吧！"他学着电影《哈利·波特》里哈利的样子，双脚跨上扫帚，嘴里喊了一声："起飞！"

哈哈，远远真的飞起来了！他一下子飞到了和屋顶一样高的空中，在那里摇摇晃晃，显然还没有熟悉怎么驾驭扫帚。

他又喊了一声："降落！"扫帚一下子飞落下来，远远摔了个大屁墩，疼得龇牙咧嘴。

外婆走了过来。远远嘴里"哎哟，哎哟"地叫着，正在用手揉着摔疼的屁股。

外婆问："怎么了？"

静静说："远远骑着扫帚飞到天上，摔了一大跤！"

外婆说："原来今天飞行魔法降临我们家，你们每人都可以骑着扫帚飞呢！"

静静、远远、凌凌互相对望一眼，发出"咦！"的一声惊叹。

外婆说："难得有这么一次好机会，今天交给你们一个任务，晚上我们自己做面包吃，你们去镇上买些原料回来。静静买面粉，远远买鸡蛋，凌凌买酵母和黄油，看谁完成得又快又好！"

外婆话音刚落，静静和远远立马想拿起扫帚往天上飞。

外婆家哪有这么多扫帚啊！远远刚用过的扫帚正在身边，他跨了上去，急急地说："快点儿飞，快点儿飞！"

他的手紧握着扫帚把，拼命往上提，只见扫帚笔直地往上蹿去，"嗖——"，一下子飞得好高。

远远觉得有些不对，用力往下一压。扫帚顺着他用力的方向，"嗖——"，一下子往地上冲去。速度真是太快了，眼看就要撞到地上了。远远赶紧用力把扫帚抬了一下，扫帚朝前斜冲过去，一下子冲到外婆屋前的那棵白杨树上。

远远挂在白杨树的枝条上，狼狈极了。外公用梯子把他接了下来，还好，没有受伤。

外婆说："干什么事都不能着急，要慢慢来！你得试着慢慢飞几次，才会飞得好！"

远远听了外婆的话，试着飞了几次，终于成功地朝着镇上飞去了。

扫帚被远远抢走了，静静只有抓了墙角的拖把。她骑了上去，由于想追上远远，心急火燎的，动作很毛糙。只见她一用力，那拖把打着转，以极快的速度螺旋式朝天上飞去，就像一支不断转动着的火箭。

外婆和凌凌看着静静这样飞上天空，心里着实捏了一把汗。"啊——"静静的尖叫声从天上传来，渐渐听不到了。她的身影变得越来越小，慢慢消失在外婆和凌凌的视野中。

凌凌问外婆："静静不会有事吧？"

外婆安慰她："不会有什么问题的，今天的魔法是不会伤害人的。当然，有时也会给不注意安全的小朋友一点小小的教训！"

凌凌也该出发了，她做事总是不急不忙的。可外婆交给她的任务，她必须完成。

家里的扫帚、拖把已经被远远和静静拿走了，还有什么工具可以飞呢？凌凌想了想，到柴房里拿了一把笤帚。这是外婆用来扫除灶台、家具等东西上面的灰尘的。好在前几天外婆洗过了，不太脏。

凌凌跨上去，像骑马一样，她发出口令："慢慢起飞！"笤帚慢慢飞起来，朝着镇上飞去。

外婆在地上喊："小心点儿啊！"

凌凌朝外婆挥挥手："外婆您放心，我知道安全第一！"

凌凌在天空慢慢地飞着。她驾驶笤帚的动作很舒缓，笤帚按照主人的指向，不紧不慢地往前飞。阳光真好，朵朵白云从身边掠过。一只小鸟看见了凌凌，飞过来，站在笤帚上，叽叽喳喳叫着，像是要和凌凌交朋友。

凌凌的心情愉快极了！一会儿就到了镇上。她让笤帚飞得低一些、更低一些，她看到了一个盖着红屋顶的房子。

凌凌朝着这座房子慢慢降落下去。这儿就是镇上最有名的"香喷喷"面包房。

刚一落地，凌凌就看到了远远的扫帚躺在面包房的门口，呵，它居然断成了两截！静静的拖把也歪歪斜斜地靠在墙上。

他们出什么事了？凌凌寻思着。

只见远远拿着一盒鸡蛋走了出来，他的鼻子变得比原来高了。凌凌见他这个样子，不由得笑了起来。

"有什么好笑的，不就是降落时摔了一跤吗！"远远不服气地说，"三个人中，还是我最快！"

静静这时走了出来，她拎着一袋面粉："我也完成了任务！"这时，她看到自己那歪歪斜斜靠在墙上的拖把，不好意思地闭住了嘴。

原来，远远在快降落的时候，回头看到静静正朝他追来，心里想：一定不能让静静得第一。他把扫帚往下一压，叫一声："快！"扫帚飞快地朝地上飞去。远远还来不及反应，就已经"砰"地降落在地上。由于冲击力太大，在落地的一刹那，扫帚"啪"的一声断成两截，远远往前一冲，鼻子撞在墙上，肿了起来，变成了高鼻子。幸好他降落时离地面已经不是很高，远远才没有受大伤。

远远刚降落，静静也飞下来了。她看到远远摔倒了，急冲冲地想去救他。结果手忙脚乱，拖把直直地冲在地上。但静静看到远远摔倒，心里已做好了准备，顺势一跳，站稳了，没有摔跤。可拖把受了伤，那块拖布已经快掉了。

凌凌拿着笤帚，走进 "香喷喷" 面包房，很快买好了酵母和黄油。

静静提着面粉，远远拿着鸡蛋，还在门外等着她。

怎么回去呢？

扫帚断了，拖把伤了。笤帚那么小，不可能坐三个人啊。

凌凌想了想，说："我有主意了！"

静静和远远对望一眼，不知道凌凌要干什么。

只见凌凌跑回面包房，一会儿，手里拿着一根绳子跑了出来。

她喊静静和远远："别愣着，快来帮忙啊！"

凌凌把拖把拿过来，把扫帚拿过来，放在笤帚边上。这一下，静静和远远明白了。他们跑过来，和凌凌一起，把笤帚和断了的扫帚一起绑在拖把的 "尾巴" 上。静静的拖把变成了大尾巴拖把。

三位小朋友拿了买好的东西，跨上拖把。凌凌坐在最前面，远远坐在中间，静静坐在后面。

静静喊："起飞。"

凌凌把拖把微微抬起，拖把慢慢地向天空飞去。凌凌的飞行技术很好，静静在后面观察情况，一有什么事就提醒凌凌。远远吸取摔跤的教训，变得安静了。三位小朋友飞得很安全。

不一会儿，他们飞到了家。外婆正在门前等着他们呢！

晚上吃的是外婆做的面包。三位小朋友围在桌子边，一人拿着一块面包在吃。他们很开心，面包的原料是他们运用巫师的飞行术去买来的。

那把扫帚和那个拖把安静地躺在房间的角落里。

静静和远远不时地看一下那个角落，心里想，以后不管做什么事，还是要小心一些才好！

这个故事，吸收了现代魔法元素"扫帚飞行术"，有这一项魔法技术，就给故事打上了魔幻故事的烙印。同时，情节虽然简略，但也比较离奇，在现实生活中是不可能发生这样的事情的。我给凌凌讲述这个故事时，嘴、手、脚并用，不仅有口头语言，而且有肢体语言，这就给她一些画面性的提示，促使她去想象。大体上，可以说这个故事具有了魔法元素、离奇情节、画面感等要件。可能从童话色彩、文学韵味上来说，还存在不小的差距，但孩子爱听，我觉得就足够了。我们编讲故事的目的，是满足孩子的精神需求，而不是发表。

3. 不要吓着孩子

不管是传统神话传说还是现代魔幻故事，大多不是现实生活中的经验。正因为如此，有许多离奇的情节带有恐怖的因素。这就需要我们在给孩子讲故事时，注意孩子的心理接受能力，不能把过分恐怖的因素传递给孩子，吓着孩子。故事太恐怖了，会给孩子留下心理阴影，比如，不敢单独睡，晚上不敢一个人上厕所，从而影响孩子的健康成长。

那么，如何避免吓着孩子呢？

一方面，在选择故事上要慎重，不要给孩子讲太可怕、太恐怖的故事。现在网上流传的鬼故事很多，有些特别血腥和恐怖，大人听了之后都十分害怕，更不用说孩子了。我曾看到一则报道，说哈尔滨某小学三年级有位女生吓得不敢睡觉，她跟父母说，在学校厕所看见"鬼"了，同班很多孩子也看到了，一个男同学还被吓哭了。经过耐心询问，这位女生说了学校很多闹"鬼"的事，其中不少是听同学讲的。家长分析了那些鬼故事，一部分是民间常见的封建迷信说法，一部分则充满魔法、密室、灵魂、手印等说法，很多情节照搬自《哈利·波特》。经进一步探问，得知孩子们在一起经常讲鬼故事，不少故事还是听家长讲的，结果口口相传，越讲越恐怖，把孩子吓着了。我想，谁都不愿意看到这样的结果。这样的故事，对孩子心灵的伤害是巨大的，有时必须给予心理干预才能治愈。因此，像这类故事不建议讲给孩子听。当家长的应该在源头上把好关，把一些恐怖因素太多的故事剔除出去，不让可怕的故事流进孩子的心田。

另一方面，要做些改编的工作。有的故事本身不错，但里面包含了一些比较恐怖的情节。这样的故事可以讲给孩子听，但是在讲的过程中，家长要注意将那些恐怖的情节"删除"，或是做一些改编。记得在小时候，我听过一个熊外婆吃人的故事，说熊外婆把人的肠子抓出来吃，吃得"咯吱咯吱"响，血滴了一地。现在回想起这个场面，还感到毛发直竖。像诸如此类的情节，在给孩子讲述时可以略去。

给孩子讲故事，最终目的是要助推他的心灵健康。对影响孩子心灵健康的因素，应毫不犹豫地剔除。

第八章

用故事告诉孩子不能做的事

人是社会动物。马克思说，人的本质是一切社会关系的总和。人不可能生活在真空中，只要一生下来，就会和这个社会发生紧密联系。著名社会学家费孝通先生说：

> 在人的社会里，孩子须按社会规定的手续出生入世，生下来就得按社会规定相互对待的程式过日子；在不同时间，不同场合，对待不同的对象，都得按其所处的角色，照着应有的行为模式行事。各个社会都为其成员的生活方式规定着一个谱法。为了方便做个不太完全恰当的比喻，像是一个演员在戏台上都得按指定的角色照剧本规定的程序进行表演。每一个歌手都得按谱演唱。社会上为其成员规定的行为模式，普通称为规矩，书本上也称礼制或法度。它确是人为的，不是由本能决定的；是经世世代代不断积累和修改传袭下来的成规。通过上一代对下一代的教育，每个人"学而时习之"，获得了他所处社会中生活的权利和生活的方式。不仅如此，如果一个社会成员不按这些规矩行事，就会受到社会的干涉、制裁，甚至剥夺掉在这个社会里继续生存下去的机会，真是生死所系。

人从生下来开始，就不是无拘无束的。

　　我们在很小的时候，就知道有些事不安全、不能做，稍大一点，得学会和其他人交往、相处，再大一点，还需要了解什么是社会公德、什么是法律规范。就是说，作为人类社会的一分子，从生下来那一刻开始，就要逐步懂得这个社会不是"百无禁忌"，不存在"绝对自由"。

　　不管是从个人角度，还是站在社会的立场上，都有许多我们不能去触碰或违反的东西。比如，对个人来说，你不能不珍视自己的生命，去做无谓的牺牲；从社会来说，你不能损害公共财产，不能损害他人利益。可以说，如果罗列下去，大概能够拉出一串长长的清单。为避免烦琐，这里只简单举出几种情况，谈谈我针对这些情况讲故事时的一些做法，供家长们参考。

不能危及自身安全

　　俗话说："孩子是父母的心头肉。"我相信，绝大多数家长都会把自己的孩子视为至爱，都希望自己的孩子健康、顺利地成长。宋朝著名诗人苏轼对自己的孩子的希望就是："无灾无难到公卿。"或许，我们每个人对孩子的期望不一定相同，对孩子未来成就的向往有高有低，但我们都清楚，无论孩子的智商如何，无论你的培养条件如何，如果孩子没有一个好的身体，所有的一切都只是一句空话，属于虚无缥缈的空中楼阁。因此，从很小的时候开始，我们就要对孩子进行安全教育，尽可能让孩子平平安安，"无灾无难"。

　　安全教育的内容很多。凡是与孩子安全有关的事项，都可以列入安全教育的范围。比如，在居家安全上，要告诉孩子不能用手去碰刀具，太烫的水不能碰，电源插座不能玩，打火机不能玩；在社会安全上，要告诉孩子防备陌生人，不要乱吃陌生人给的东西，不要轻易跟陌生人走，碰到陌生人有侵害行为时要大声喊叫；在户外安全方面，要告诉孩子怎样防范户外活动中的危险；在灾难避险中，要告诉孩子怎样在突发灾难中学会逃生；在校园安全方面，要告诉孩子怎样远离校园伤害；等等。这些安全教育，需要我们在日常生活中一点一滴慢慢地教给孩子。

在对孩子进行安全教育时，讲故事是一种较好的手段。我曾做过这样的尝试。凌凌五岁时，我讲过一个《骑车"比赛"》的故事给她听。内容如下：

骑车"比赛"

三位小朋友在乡村的生活丰富而有趣。有一天，他们帮外婆干完了家务活儿，在晒谷子的坪子边歇着，聊了一会儿天，不知玩什么好。这时，外婆出来了，对他们说："坪子这么大，你们就骑会儿车吧！看看谁骑得最棒！"

静静跑到堂屋里，把一辆两轮的儿童自行车推了出来，一下子就骑了上去。三位小朋友中，静静是大姐，最先学会骑自行车，骑得也最熟练。只见她把自行车骑得飞快，转了一圈又一圈。远远、凌凌和外婆站在边上看着她骑得虎虎生风，都为她喝彩、叫好，鼓起掌来。静静一高兴，大声喊，"凌凌，把边上那块小石头往中间扔过来！"凌凌不知道她要干什么，但还是按照静静说的，把石头扔了过去。这时，静静慢慢骑了过来，用一只手握紧车龙头，俯下身子，另一只手往前伸出去拿石头。大家的心都悬了起来，这可是个高难度动作。正在大家紧张的时候，只听"啪"的一声，静静刚拿到石头就摔到了地上，自行车往前冲到了一棵小树上。外婆和远远、凌凌赶紧跑过去，把静静扶起来，还好，没有受伤。大家让静静坐在边上，好好地休息一下。

这时，远远跑过去扶起单车，跨上就骑了起来。三位小朋友中，他胆子最大。他比静静骑得更快。一会儿，他就骑了十几圈。有时候，他还把双手放开，龙头也不扶，任凭自行车飞快地向前冲。外婆和静静、凌凌在边上看了，吓得脸色都变了，只怕他摔倒受伤。大家正在担心的时候，远远大叫一声："我要飞起来，我要飞得更高！"他把自行车踩得飞快，朝坪边的小沟冲去。他想飞过那条小沟，像电影里那些骑着自行车飞起来的人一样，惊险而又刺激。大家看着他的车向前飞去，但还没有飞到一半，"砰"的一声，连人带车摔到小沟里去了。小沟里的水不算深，但泥巴很多。外婆和静静、凌凌冲过去，把远远扶起来。大家看到，远远全身都是污泥，只有两只眼睛发着亮。他不但没哭，还笑着问："我飞得不错吧?"泥巴很软，远远没有受伤。大家见他没有摔伤，就让他自己去洗干净，换了衣服再来看。

轮到年龄最小的凌凌骑了。凌凌胆子小，不敢捡石头，更不敢飞起来。她只是骑着自行车在坪子里转了一圈又一圈，转了一圈又一圈，过了好久，外婆说："可以了，可以了，别骑得太久了，运动过度对身体也不好。"凌凌听了外婆的话，停下来，把车停在坪子边。她骑得满头大汗，真是出了大力气。

远远这时也洗干净了。外婆把三个小朋友叫到一起来，说："今天让你们玩自行车，没想到你们却比起赛来。如果要排一个名次啊，我觉得第一名应该是凌凌，第二名是静静，第三名是远远。"

静静和远远听了不服气，说："为什么是凌凌啊，她骑得又慢又没有惊险动作。"

外婆说："正是因为她慢，我才给她第一。你们想一想，小朋友在玩耍的时候，什么最重要啊? 安全最重要。今天凌凌做到了安全第一，可你们两个呢？静静的动作算是小危险，远远的动作可是大危险了！你们说，按照'安全第一'的要求，谁应该得第一呢？"

静静和远远听了外婆的话，有点儿不好意思。他俩跑到凌凌身边，异口同声地说："凌凌应该得第一。"

故事相当简单，我没有刻意去营造复杂的情节，但把"安全第一"的道理讲清楚了。凌凌听完这个故事后，有比较深的印象。平时，我也给她讲类似的故事，像贝贝熊系列故事中的《安全第一》等，这些故事都是既有趣，又有教育意义，可以让"注意安全"的道理不知不觉中在孩子的脑海里生根发芽。凌凌读小学四年级后，我们还经常讨论"安全"问题。比如，到外面去玩，看到有小男孩在爬围墙，我说："这种行为不对，很危险。安全第一啊！"凌凌接口说："不对，是生命第一！"虽然凌凌的说法有些和我抬杠的意味，但不管怎么说，说明"安全"意识已经烙印在她的内心里。她已经知道，安全是和生命联系在一起的。

安全教育是一个经常化的过程，需要家长长期坚持。如果在日常的生活中，结合孩子的"不安全"的实际行为，加以灌输式的教育，同时把故事作为辅助手段，讲一些"安全"教育的故事，如春风化雨般，加深孩子对安全的理解和认识，效果会比较好。

尽量不要养成坏的行为习惯

"孔融让梨"这个故事，我们几乎都知道，也都能复述出来。这个故事讲述的是孔融懂得谦让，把大梨让给哥哥们吃，体现了一种传统习惯和美德。

孔融懂事早，家庭教育大概不错。所以，在很小的年纪就有这样叫人赞叹的表现。

在现实生活中，如果不是刻意地进行教育，大多数孩子不会具有孔融这样的意识。甚至，不少孩子还会养成一些不好的习惯。

比如，不爱劳动。不用怀疑，人生来就有追求舒适的心理。人类发明了飞机、高铁、汽车、电脑、手机和家用电器等众多产品，都是为了让人们生活得更加舒服。借助于越来越先进的科学技术，人们的生活变得越来越便利，内心里感到越来越惬意。这是因为，我们每个人的潜意识里都有一种"懒人心理"。所以，我们许多人不喜欢劳动、动不动就拖延、怕麻烦……大人们一不小心都会养成这样的坏习惯，更不用说孩子了。

还可以列举一些在孩子身上比较常见的坏习惯，比如不讲礼貌、偏食、拿了东西后乱放（不放回原处）、说谎话、玩电脑游戏无节制、乱丢垃圾、在规定的时间不上床睡觉、做事情磨蹭、饭前便后不洗手，等等。这些坏习惯，有时很令人头疼。我们家长的任务，就是努力地帮助孩子改掉这些坏习惯。这不仅有益于孩子的健康成长，而且对于孩子未来的发展也很有好处。

改掉坏习惯需要多方面的努力，最重要的是家长要坚持"身教"。有的家长说，孩子偷偷摸摸抽烟。结果到他家里一看，发现家长两口子都抽烟。这是一个极端的例子，但说明了一个道理，就是：要求孩子做到的，自己要先做到。

家长的"言传"也很关键。一方面，我们当家长的一有机会就要提醒孩子，瞅准时机教育孩子，在孩子心中形成"这个习惯养成不得""这个习惯不是好习惯"的印象。另一方面，采取"润物细无声"的办法，给孩子讲一些"养成好习惯、改掉坏习惯"的故事，逐步影响孩子的心灵，起到助推"养成好习惯、改掉坏习惯"的作用。

2012 年 2 月的一天，放学后，凌凌在家里想玩电脑游戏。妈妈不准，她就胡搅蛮缠，还哭了。这天晚上的睡前故事，我给她讲了贝贝熊系列故事中的《电脑大麻烦》，这个故事的主要内容是：

> 贝贝熊一家四口每人有一台电脑。除了熊爸爸对电脑保持比较清醒的态度外，小熊哥哥常在电脑上一边听歌一边上网浏览足球装备，小熊妹妹在网上和朋友聊天，熊妈妈迷上了网上购物，一家人陷入了"电脑大麻烦"。熊爸爸觉得不能让电脑毁了一家人的生活。经过召开家庭会议，一家人约定：每天只上一小时的网，其他空闲时间，依然像过去一样。这个决定生效后，小熊哥哥和妹妹用荡秋千、滑滑梯等运动代替了玩电脑，熊妈妈恢复了刺绣。一家人还经常在一起聊天、看电影，过上了快乐的日子。

现在电子产品很多，孩子们爱玩手机、平板电脑等上面的游戏，不仅沉溺其中，玩物丧志，而且有损视力，对身体造成危害。凌凌有一段时间喜欢玩电子产品，喜欢看电视。我不期待讲一次《电脑大麻烦》的故事，就让她彻底戒掉电子产品，但一有机会，只要她不厌烦，我就给她讲这样的故事或道理。如今，凌凌对电子产品已经做到了比较理性的态度，除了做网络作业，其他时间很少要求玩电脑。

像《电脑大麻烦》这样的故事，还有很多。不仅贝贝熊系列故事里面有很多，比如《电视迷》《作业的烦恼》《和父母相处》等，讲的都是怎样做人做事的道理和习惯。在其他童话故事刊物里，也经常会有这种类型的故事，我们随便找一找，就能找到。

养成好习惯，改掉坏习惯，不是一朝一夕的事情。讲故事，也仅仅是一个手段而已。最重要的是，家长要当一个有心人，耐心地教育孩子，坚持下去，陪孩子一起成长。

负面的心理活动要及时排解

健康、向上、阳光、平和的心理状态，是每位家长对孩子的希冀。但是人的心理是复杂的，社会环境也不是纯净无染，孩子在成长过程中总会有这样那样的烦恼，影响着他们的心情和行为。

比如，在班级的某项活动中，孩子的成绩很不理想，他为此心情不好、唉声叹气、意志消沉。

比如，因为某一个错误或幼稚的行为，遭到了老师的批评或伙伴的嘲笑，孩子由此感到心情很坏，满怀沮丧。

比如，由于有较强的好胜心，看到同学的成绩高出了自己，产生了强烈的嫉妒心理，甚至变成了"羡慕嫉妒恨"。

……

这些关系到孩子心理健康的事情，每位家长都会碰到。我们不是生活在真空中，各种各样的因素都会不同程度地影响我们的心灵。加上人心如海，即使面对同样的事情，每个孩子的想法也不一样。因此，产生多种多样的心理现象就不奇怪了。

当孩子产生郁闷、沮丧、愤恨、嫉妒等负面心理现象时，家长要及时帮助他排解坏心情。排解的方法很多，"讲故事"是其中之一，它能润泽孩子的心灵，化解孩子的负面情绪。

关于孩子恼怒的心情，我曾给凌凌讲过《化解恼怒！》[1]。故事讲的是一个叫"弗朗索瓦"的小伙子用幽默成功化解朋友愤怒，故事还指出"幽默并不能消除问题，但是笑声却给了我们片刻的时间远离问题，

---

[1] 碧姬·拉贝，米歇尔·毕奇. 写给孩子的哲学启蒙书 [M]. 潘林，王川娅，译. 桂林：广西师范大学出版社，2011.

让我们喘一口气，冷静下来"。

《写给孩子的哲学启蒙书》里的故事大多数不是童话，趣味性也不是很强。讲的基本上是一些加强修养、做人处世的道理。由于有很强的哲学意味，我以为凌凌不会喜欢。没想到，给她一讲，她居然愿意听下去，我把几本书都给她讲完了。或许，这种故事加道理的拼贴，别有一种味道。像"化解恼怒"这样的故事和道理，如果讲得多，对孩子化解不好的心情是有帮助的，至少有潜移默化的影响吧。

关于孩子心中最常出现的嫉妒心理，贝贝熊系列故事中有一则《甩开嫉妒心》。故事的大意如下：

甩开嫉妒心

小熊哥哥生日时收到很多礼物，其中一份是熊爸爸和熊妈妈送的变速越野自行车。小熊妹妹看到了，心里十分嫉妒，脑子里全是"我要那辆车！我要！我要！"的念头。熊妈妈开导小熊妹妹说："我想你大概是被'绿眼妖怪'[1]缠上了。"经过妈妈的劝导，小熊妹妹的心情好一点了。熊爸爸还将小熊哥哥小时候骑的儿童自行车改装了一下，送给了小熊妹妹。那天晚上，小熊妹妹做了一个梦，梦见自己被绿眼妖怪推上了哥哥的新自行车，把自行车摔坏了。醒来后，小熊妹妹克服了自己的嫉妒心。

故事远比我的叙述复杂有趣得多，凌凌听得入了神。后来很长一段时间，一旦产生了嫉妒心理，我们就会互相用"绿眼妖怪"来形容、来打趣。通过听这个故事，凌凌知道，嫉妒是要不得的。

培养孩子良好的心态，让他们有一个健康向上的心理，最为关键的

---

[1] "绿眼妖怪"是一种用来形容嫉妒心理的说法。

是要把功夫下在平时，不能有了问题再出手，临时抱佛脚。要经常和孩子交流、谈心，给孩子讲故事时，注意引导他养成健康的心理习惯。

比如，有一次我给凌凌讲一个孩子受冷落的故事，孩子很悲伤。我把这个故事里的一句话强调给她听：人生总会碰到烦心事。我做这样的强调和引导，是希望她能正确对待人生中可能出现的不愉快事件，因为挫折随时会出现。

还有一次，有位小名叫"土蛋"的同学到我们家里玩，回家时，土蛋很有礼貌，和我们一一告别。妈妈表扬了土蛋，顺便教育凌凌："应该学学土蛋。"凌凌有一点不高兴："我也不错啊。怎么老表扬别人呢！"趁此机会，我对凌凌说："你的表现一直很不错，但妈妈表扬土蛋，是因为他这次做得对，很有礼貌。你不要嫉妒，要多学学别人的长处。"

我的一位同学，是浙江财经大学的教授，她的孩子特别喜欢钓鱼，有一天她和先生陪孩子去钓鱼，结果孩子那一天没钓到鱼，心情很郁闷。她宽解孩子一番，给孩子讲了"失败是人生的必修课"这一类道理。不求孩子现在懂得，仅是想让他知道，人生不可能事事如自己所愿。

上面所讲的这些，都是我们生活中最现实的例子。

不管孩子的未来怎样，至少在当下，我们要力求做耐心细致的家长，时时刻刻注意引导孩子健康成长，努力使他们成长为心智健全的人。

绝不可违背纪律和法律

有一次，听一位法学家演讲，他感叹："现在不少人法律意识淡漠，主要是因为从小缺乏这方面的教育。记得小时候，大人经常教育我们，'举头三尺有神明'，要守规矩、守纪律，不然就会受惩罚。如今的大人很少这样教孩子了，大多数只是教育孩子要努力学习，要做成功的人。长期下去，遵规守法的意识自然就淡了。"

这位法学家的说法是否正确还有待商量，但他揭示了一种现实状况。按照他的说法，从小就要对孩子进行规矩、纪律和法律教育。这是有道理的。

乡下有句俗语："娃娃从小起，做贼偷瓜起。"意思是说，许多习惯是从小养成的，小时候偷瓜，如果不教育，长大了很可能就成了贼。

教育孩子，家长责任重大。现实生活中，却常见到家长对孩子的"不雅"行为不闻不问，变相纵容。

来看几个镜头。

（1）在小区里散步，见到一个约四岁的小男孩，站在小广场的椅子上撒尿。他的妈妈就站在边上，脸上还露出得意的笑容。

（2）小学放学了，几个孩子走在街上，家长远远地跟在身后。孩子们在一盏路灯下停住，捡了石头往上扔。扔了几次，终于砸烂了一盏灯。家长们这时跟上来，随意说了几句，带着孩子继续往前走了。

（3）参加某亲子旅行团，同行的有一对母女。在住宿的地方，小女孩拿起啤酒瓶往地上扔，"啪"地碎了一地。这可是很危险的行为，其他人踩到了很可能伤到脚。而那位母亲却在不远处抽着烟，好像一切都没发生。

（4）一位父亲带着儿子过马路，红灯亮着，车不多，儿子提议跑过去。父亲拉着儿子的手，一起闯过了亮着红灯的路口。

……

这些行为不是编故事，不是空穴来风，都是我亲眼所见。每看到这样的行为，我都会想，这样的家长带出来的孩子，能好到哪里去呢？至少，在遵纪守法意识上，是有所欠缺的吧。我对这种不负责任的父母真的有一种说不出的愤怒。

教育孩子懂规矩、守纪律和遵守法律，这是我们生存在这个世界上的一个必然要求，也是一条底线。人活在世上，自然而然会受到道德、纪律、法律的各种约束。如果突破了这些约束，不仅可能会对别人、社会造成损害，而且对自己也会造成很大的伤害，有时甚至是致命的伤害。这个道理，很小就要慢慢地灌输给孩子。

战国时赵奢"奉公守法"的故事很有名，大意是这样的：

奉公守法

春秋战国时期，赵国有一个大将叫赵奢，英勇善战，功勋显赫。赵国的国君赵惠文王封了他一个很大的官。

赵奢原来只是一个普通的收取田税的官吏。他收税时无论是权贵还是平民，都一视同仁。有一次，他来到赵惠文王之弟、平原君赵胜的管家和家丁依仗平原君的权势，抗税，还侮辱了赵奢。赵奢依照赵国法令杀了闹事者。

平原君赵胜听了这件事，勃然大怒，要杀赵奢为家奴抵命。赵奢得知赵胜的想法后，马上去找了赵胜，真心诚意地说："您是赵国的公子，却纵容您的家奴抗税，这样会削弱国家法律的权威性。法律被削弱，国家也会随之衰弱，诸侯就会来攻打我们。如果赵国被灭了，您的地位和财富也就没了。如果您凭着尊贵的地位，带头守法，全国就会太平，国家也会随之强大。您作为赵国重要的臣子，才会得到天下人的尊重。"

赵胜听了这番话，十分羞愧，他认为赵奢是个有才能的人，就将赵奢推荐给了国王。

讲故事要有启发性，讲这个故事也一样。不能简单地把故事讲一遍就完了，而要和孩子讨论互动，由此延伸开去，让孩子知道守法守纪是正确的。比如，讲完这个故事后，可以问孩子："你觉得是赵奢按照法令收税对呢，还是平原君的管家不肯交税对?"孩子的辨别力是很强的，一般都会回答："当然是赵奢做得对!"那么，我们可以继续追问："那么在日常生活中，我们是该守法呢，还是随着自己的性子乱来?"孩子大多数时候会问答："应该守法。"

从一个故事得出了这样的结论，效果已经达到。但我们还可以更进一层，给孩子讲讲在日常生活中，该遵守哪些法律，该讲哪些规矩。像下面提到的，我们也许可以趁着这样的机会，有意识地告诉孩子。

第一，不要违反校纪校规。

每所学校都有纪律规定，作为学生，遵守校纪校规是天经地义的事。如果是小学生，有《小学生守则》；如果是中学生，有《中学生守则》，这些都是要遵守的。

第二，不要违反社会公德。

比如，在公共汽车上不要占用老弱病残孕的专用座位；不要损害公共绿地上的花草树木；不要损坏路灯等公共财物；不要随地吐痰、乱丢垃圾、损害公共卫生；等等。从日常行为和生活细节上，引导孩子成为一个合格的"小公民"。

第三，不要违反法律法规。

要告诉孩子，这是一条底线。有些事看上去很小，却关系重大。比如说闯红灯，不仅违背了法律，而且可能威胁生命安全。至于偷东西等行为，更是不能去做。这些都可以通过讲故事的方式，告诉孩子。

　　教育孩子遵纪守法，需要持之以恒，如小水浇地，慢慢滴灌，不能放松，天长日久自然会有成效。同时，更重要的是，不仅要以故事来"言传"，而且要以自身的榜样来"身教"。就拿闯红灯一事来说，我们敢说自己从没有闯过红灯？有的人，对小巷道内的红绿灯视而不见，一见没车就快速通过马路，甚至带着孩子时也是如此。你以为孩子还小，不懂大人的言行？其实正好相反，孩子有自己的判断力。如果你时常闯红灯，那他就会认为那是可以做的事，从而养成闯红灯的坏习惯。这是多么可怕的事！——"身教"缺失，讲再多故事也没有用！

第九章

陪孩子阅读故事

书犹药也，善读之可以医愚。　　　　　　　　——刘向

书，能保持我们的童心；书，能保持我们的青春。

　　　　　　　　　　　　　　　　　　　　——严文井

读过一本好书，像交了一个益友。　　——臧克家

读一本好书，就是和许多高尚的人谈话。　——歌德

书籍是造就灵魂的工具。　　　　　　　——雨果

读书之于精神，恰如运动之于身体。　——爱迪生

　　一个爱书的人，他必定不至于缺少一个忠实的朋友，一个良好的老师，一个可爱的伴侣，一个温情的安慰者。

　　　　　　　　　　　　　　　　　　　　　——巴罗

　　……

　　阅读带给人的好处，只怕是难以说清楚的。上面随手摘了几句名言，就可以看出，古今中外的名人对阅读的作用有着不同的表述和描绘，他们说的话虽然有一些差异，但无一例外地透露出两个字：赞美！

　　读书是一件好事！

　　是的，好家长是个"故事机"。我们耐心地给孩子讲故事，让孩子在聆听中体会和汲取故事里的精神营养。但这种事并不会一成不变，总有一天，随着孩子的成长，他会具有自己阅读故事的能力。

　　由此，一个常见的问题来到我们面前：如何通过讲故事，来提高

孩子的阅读能力？这是一个循序渐进的过程。

我在前面说过，给孩子讲故事可以激发孩子的阅读兴趣。我的女儿凌凌一直保持着读书的热情，多次被学校评为"书香少年""阅读明星"。她所在的学校是一所历史悠久的名校，很注意营造"书香校园"的氛围。评上"阅读明星"的孩子，要提交照片和简介在校园展出，以激励更多的孩子爱上阅读。凌凌评上"阅读明星"是在三年级下学期，她自己写的简介如下：

我阅读，我快乐

我特别喜欢读书，读书让我很快乐。

在我不识字的时候，爸爸、妈妈经常给我讲故事，我听得津津有味。讲完了，还把书翻给我看一看。渐渐地，我认识了不少字。读幼儿园时，我已经能独立阅读一些书了。随着看的书越来越多，我越来越觉得书里的世界很有趣，也越来越喜欢阅读。

书是我的好伙伴。不论是在学校还是在家里，只要有一点时间，我都会找书看。在学校，我在"快乐午间"的时候，经常到阅乐廊去看书。每天放学回家，我都是先读会儿书，再写作业。早上妈妈帮我梳头发的时候，我也利用这个机会看一会儿书。周末，我起得很早，一起来我就拿本书看。我还让爸爸读书给我听，他把卡夫卡的《变形记》、丰子恺的《小钞票历险记》和《天方夜谭》《南美洲童话》等都读给我听了。

爸爸妈妈非常支持我读书，家里光给我买的书就有近800本。这些书我大部分都读过。沈石溪的动物小说和《西顿动物记》《宝葫芦的秘密》《绿野仙踪》《吹小号的天鹅》《人鹅》《一只叫企鹅的猫》等，内容十分吸引人，给我留下了深刻的印象。

书带给了我很多乐趣。一天不读书，就感觉像少了什么。我每学期大约要读 60 本书，以后，要争取读更多更好的书！

凌凌的事只是一个个案，在这里我也不是王婆卖瓜、自我表扬，因为每一个孩子都有自己的思想和个性，不可复制。但从凌凌自述的爱上阅读的过程中，我们可以发现父母坚持读故事、讲故事的作用。不能说坚持给孩子读故事，就一定能让孩子爱上阅读，养成经常阅读的好习惯。但是带着孩子读故事，对孩子爱上阅读必然有正面的激励和促进作用，这是毋庸置疑的。

到底该怎样做呢？我想，每个家长都有自己独到的做法。我认为，不管面对什么样的孩子，陪他阅读故事都有一个由浅入深的过程。

不妨来分析通常要走过的几个阶段，或许对我们有一些启发和借鉴作用。

给孩子读故事

在孩子没有识字时，阅读文字故事是不可能的事，必须由家长读给孩子听。几乎每一位家长都有读故事给孩子听的经历。刚开始时，孩子也会缠着家长读故事。这个阶段讲的故事基本上用语比较简单、情节比较单一，以便孩子能够理解。

孩子喜欢反复听一些故事，这是孩子处于低幼年龄阶段的一个显著特点。对那些简单的故事，比如《狼和小羊》《小红帽》这类故事，大人们本来就熟悉，讲过后更是记得很牢。孩子要你反复讲，难免会有一点厌烦情绪，这就需要我们克制这种心理。爱孩子，不是每时每刻都要有惊天动地的举动，日常生活中能一一满足孩子不过分的要求，细心地陪伴孩子，这就是一种深深的爱。孩子让你重复地读一个故事，又有什么呢？给孩子读故事，我们要记住一个关键词：耐心。

在读故事的过程中，互动很重要。孩子会有一些问题，我们要尽可能地解答。同时，要主动激发孩子的阅读意识。比如，"痛快""显摆"这些词语在我们看来很简单，但对于孩子来说并不知道确切的意思。我们读到这些词语时，要主动提出来，给孩子解释清楚。这能够强化孩子对字词和句子的认知。慢慢地，孩子会记住故事中讲过的一些词，不时地用到生活中。有一次，我给凌凌读到了"丘比特"，她当时才读小学二年级，还不明白这个词的意思，于是我给她细讲了一下。后来，有次吃晚饭时，她突然问妈妈："我如果被丘比特射中了，怎么办？"我接过话说："现在你还小，丘比特不会射中你的。"她说："总会有一天，有一个人会射中我。"妈妈在边上说："上小学、中学时你还太小，如果丘比特射你，你也不能要，至少要到大学才行。"我想，她大概已经明白"丘比特"的意思了。

如果你是一位有心的家长，你会发现给孩子读故事不仅仅是低幼时期的事。哪怕孩子已经到了小学中高年级，完全具有独立阅读能力了，有时仍然需要给他读故事。例如，由于环境的影响，现在的孩子视力容易坏，有的孩子每天要在家做视力按摩，这个时候你可以给他读一点故事。这些，同样需要耐心。

我的做法是，孩子有这方面的要求，就尽量满足。这不是纵容，而是丰富孩子的精神世界，是培育孩子阅读兴趣的一种途径。在凌凌读小学中高年级后，我仍然利用她洗漱、做视力按摩时等碎片时间，坚持给她读书，陆续读完了《写给孩子看的中国历史》系列图书、《八十天环游地球》、《俗世奇人》、《一千零一夜》、哲学故事系列、丰子恺儿童文学作品等诸多书籍。有一次，学校要她提交"书香少年"的介绍材料，她撰写的材料中有一句："上厕所和洗漱时，我也让爸爸读书给我听。"这些日常功夫的日积月累、潜移默化，帮助和促成她养成了爱阅读的好习惯。

阅读是一生受用的益事。孩子小的时候，如果在阅读上有机会帮助孩子，应该尽量帮助他，助推他成长。

孩子独立阅读故事

孩子读小学后，一般可以独立阅读故事了。早慧一点的孩子，在幼儿园阶段就能独立阅读故事。

孩子能阅读是好事，但读哪些书，除了学校老师指导之外，家长给孩子选择什么书，也是十分重要的。

我们给孩子选书，主要遵循四个原则。

第一，公认的经典名著，比如叶圣陶、丰子恺、老舍、张天翼、林海音等人的儿童文学作品。如果是外国儿童文学作品，还得看看是谁译的，比如任溶溶先生的译本，那是绝对信得过的。

但正如有篇文章《为孩子选书，要警惕"伪经典"》[1]里所说："一些不良书商，摸准了孩子父母爱子心切、望子成龙的心理，打着诸如'经典丛书'的幌子，出版了大量质量低劣的图书，把经典原著篡改得千奇百怪、面目全非。这样的伪经典图书不仅是对原著的亵渎，如若流入孩子们手中，更将贻害无穷。因此，家长在为孩子选书时，一定要警惕'伪经典'。"

这就要求我们家长有一双慧眼。

第二，当前一些比较优秀的儿童文学或科普作家的作品，比如曹文轩、杨红樱、汤素兰、郑渊洁、沈石溪等人的作品。

---

[1]　刘秀娟.为孩子选书，要警惕"伪经典"（N）.光明日报，2015-5-20.

第三，一些在孩子的同学圈子里流传甚广，很受欢迎的作品，虽然作品内容和品质一般，也可给孩子看看。

第四，一些比较优秀的报纸、杂志。我们常购买的有《儿童文学》、《意林》（少年版）等。

对女儿的阅读，凌凌的妈妈很上心。她多次强调一个观点："一个人的阅读史，就是他的精神成长史，父母生养身体，书籍塑造灵魂。分数赢得的是一时，读书赢得的是一世。阅读的厚度决定人生的高度。"这话可能是她从哪本书里看来的。在实际生活中，我们基本遵循了这样的理念。凌凌的妈妈在大学当老师，工作比我有规律，给女儿买书的任务大多数时候由她来承担。2012 年 12 月，她在 QQ 空间里晒了一下给女儿买的书，还写了一段话：

> 阅读的好处，不胜枚举，我就不多说了，我平时上班之余，最大的爱好就是在网上淘书，主要给女儿淘，当然顺便也给自己淘点。女儿虽然才刚上一年级，但已经是个小书迷了，这可能与我们从小对她的有意无意的培养和家庭氛围有关。从她两三岁时，我和她爸就每天睡前给她讲故事，天天坚持，所以慢慢地，她也不知不觉地认识了不少字，到五岁多点，基本能自主阅读了，我们没空给她讲时，她就自己看。有时一家人一人捧本书静静地看，感觉很温馨。
>
> 因为女儿喜欢看书，所以给她买的书也不少，一进家门，随处可见的就是书，书架上，茶几上，女儿的小书桌上，床头柜上，等等。平时在吃穿方面我可能会比较节俭，但给女儿买书，我是比较大方的，我一直坚持一个育儿理念，不管是男孩还是女孩，都应该"物质上穷养，精神上富养"，书是孩子最好的精神食粮。书带给女儿的喜悦远远大过一件新衣服，现在我每天下班回家，都会带一本书回去，女儿放学后

进家门的第一句话就是："今天带什么书了？"然后拿出我带回的书，津津有味地去看了。我一般把买的书放在办公室，然后每天带回去一本，一次不会带太多，让她有饥渴感，保持对读书的渴望，吊着胃口。现在女儿年纪不大，拥有的书还真不少，虽说家里有两个给她的专用书架，但不够用了，不得不时时整理。

女儿的书，我大部分是从网上买的，又便宜又方便，偶尔查一下网上的订单，发现数量还真可观，晒晒女儿的部分书单吧。

书单太长了，无法一一列出。其中，有《不一样的卡梅拉》《三毛流浪记》《妙想科学》《蓝精灵的故事》《大个子老鼠小个子猫》《法布尔昆虫记》《斯凯瑞金色童书》《贝贝熊系列》《SOS 安全教育童话绘本》《奇妙的数王国》《神奇校车》《中国留守儿童日记》，等等。从简单列出的这些书目，大致可以看出孩子刚上小学时的阅读趣味了。

必须说明的是，孩子处于不同的年龄段，对阅读的要求是不一样的。比如，在幼儿园时，应当以绘本为主，然后慢慢地增加文字，到小学三年级以上，过渡到纯文字读物一般是没有问题的。一般而言，孩子的独立阅读是一个由易到难、由简单到丰富的过程。

但不能一概而论。孩子到了高年级，同样可以阅读绘本，这时，孩子的理解力肯定和过去不一样了，哪怕阅读的是在低年级时读过的绘本，内心的收获也不一样。像德国幽默大师埃·奥·卜劳恩创作的漫画《父与子》，凌凌不仅小时候爱看，在长大的过程中也爱看。她曾多次对我说：《父与子》真好看！"

每个孩子的阅读趣味和偏好有自己独特的一面，家长要用心了解孩子的阅读取向，给孩子挑选、购买合适的书籍，激起孩子的阅读兴趣。也可有意识地引导孩子阅读一些书籍，引导不是强迫，切不可逼着孩子阅读不喜欢的书籍，把他的兴趣"逼"没了，那就得不偿失了。

引导要讲究方法和时机。凌凌读小学三年级时的暑假，我们一家人到青岛旅行。我们带凌凌专门到老舍故居看了看。老舍和青岛有缘，他曾在山东大学、齐鲁大学教书多年，写下了许多与青岛有关的文字。这次旅行，我的行囊里放了一本《老舍散文》，里面的《五月的青岛》《青岛与我》《青岛与山大》等文章直接与青岛相关。我于是给凌凌介绍了老舍的文学成就，陪着她参观了故居里的"祥子博物馆"，还特意告诉她老舍写了不少适合孩子看的作品。凌凌听了，很有兴趣。恰好故居里有一家"祥子书店"。凌凌在里面徜徉了一会儿，自己选了老舍的《五月的青岛》《老舍儿童文学作品选·小说卷》两本书。回来不久后，认认真真把这两本书看完了。

我想，如果不嫌自夸的话，这样的引导，大概算得上"润物细无声"吧！

和孩子一起阅读故事

一般来讲，孩子能够独立阅读故事后，大多数时间不需要家长陪他阅读了。但当家长的却不能因此放松自己，以为万事大吉，对孩子的阅读不管不顾了。

孩子在读什么书？书里面有什么内容？孩子最近喜欢读哪些书？这些问题如果家长不去关注，是很难知道清楚的。

一个有责任心的家长，要及时了解孩子在读什么书，主要有哪些内容。我们要做一个有心人，经常和孩子沟通。一方面对孩子读书进行必要的指导；另一方面，也要了解孩子的阅读兴趣在什么地方。

和孩子一起阅读故事的方式有多种：

（1）孩子读在前面，待孩子读完，你再将他读过的书读一遍。比如，孩子读过的一些书，放在家里，或是在书桌上，或是客厅里，你是否有兴趣翻一翻呢？又比如，孩子给你说起学校里正在流行的读物，讲起里面的情节里来，兴致盎然、两眼发光，好像巴不得你也能去读读这本书，分享他的快乐，你是否愿意去读呢？

（2）你读在前面，觉得不错，推荐给孩子读。这要求我们有意识地去读一些童书。

（3）与孩子同时阅读、分享。比如，孩子在阅读时，读到有趣的情节，看到好玩的图画，跑过来和你分享，给你讲解其中的趣味，你是否愿意耐心地聆听？

形式不拘，重在陪伴。

哪怕和孩子同读一小段文字、同阅几幅漫画，这种同读的时光也是美好的。家长的阅读陪伴，本身就是一种激励、一种影响。更何况，通过共同的阅读，让你更加了解孩子，也能帮孩子解除一些阅读上的障碍和疑惑。

我自己的做法是，尽量多陪凌凌读书。她推荐给我的书，我努力地读完。有些书不错，凌凌读过了，虽然她没有推荐给我，我也认真地读完。粗粗统计一下，凌凌读过的经典童书，我"陪读"的有上百本吧！

有些书孩子不一定读得懂，在陪伴阅读时可以做一些工作。家里曾经买了一本《小难民自述》，在凌凌阅读前，我先完整地读了一遍。这是抗日战争时期一位十三岁的小女孩记述自己的逃难经历的书。由于所受的教育不同，所经历的年代不同，作者的文字和如今的表述有一些差距，有必要做一些解释，现在的孩子才能看得懂。在我的推荐下，凌凌也读完了这本书。我的日记里记下了向她推荐的情形：

　　我首先告诉她，"小难民"现在已经变成老奶奶了，但写这本书时她只有十三岁。她的真名叫吴大年，笔名为 "小岵女士"。"岵" 这个字，出自《诗经·魏风·陟岵》："陟彼岵兮，瞻望父兮。"意思大致是登上 "岵" 这座山，眺望父亲，隐喻她很小的时候父亲就不在了。书的前面有一篇方豪先生写的《〈小难民自述〉是怎样刊出的》，其中有一句 "我们问起她 '小岵' 的含义，才知她早没有父亲"。这个笔名蕴含了对父亲的怀念。从另一个角度说，一个失去了父亲的小女孩，面对种种困难，这么坚强，是不是更值得敬佩呢？

　　我告诉女儿，读《小难民自述》最重要的是要感知抗日战争时期那一段艰难岁月，从感性上认识当祖国被他人踩躏时，她的人民什么都不是！

　　我告诉女儿，要通过阅读这本书，了解 "小难民" 是怎么经历种种磨难才获得安全的，感受生命的脆弱和人生的苦难，知道活在平安和平、衣食无忧的日子里，本身就是一种幸福，从而懂得珍惜和拥有。

　　我告诉女儿，要向小作者学习，有一种把逆境当顺境的勇气，面临任何困难都泰然处之，保持阳光向上的心态，不怨天、不尤人，依然能在自然中发现美，在艰难中看到希望。

　　……

　　这本书的内涵是丰富的。我给女儿说的这些，她不一定能够理解。女儿认真读完了这本书，当时她还未满十岁，在读小学四年级。由于时代的隔膜，语文教育的差异，有许多地方大概没有读懂。为了让她阅读方便，我在一些地方做了注释。比如，书中第一章为 "再会吧！首都"，我在边上注解："当时的首都是南京。"书中提到："这就是

长江，是我们中华伟大的扬子江。"我注解："长江，又叫扬子江。"书中
说："金乌渐渐西坠。"我注释："金乌，指太阳。"书里还写到湘西一带
的自然环境，说："天气是更加寒冷了，这一带是四季可以穿着棉衣的。"
湘西恰是我的桑梓之地，女儿多次回到这里，书中描绘与实际情况不
符。我在此注释："并不是这样的。这里所记有误。"这样的注解，应该
消除了孩子的一些阅读障碍。这当然只是从文字上来说的。从更深层
次上说，孩子能读懂这本书吗？

　　我不知道。女儿和我谈到里面的一些情节，她对那些"离奇"的
经验比较感兴趣。对于我的"说教"，她似乎没有多大反应。

　　或许，现在的孩子不愿拾起这样沉重的话题。可不管如何，那样
的记忆不容忘却！透过书本，哪怕只收获一点点感悟，这样的翻阅都
是值得的。我还是期待现在的孩子多看看这类书。

　　这样陪伴阅读，大概算是比较有深度的，不是每个家长都能做到。
我也只是偶尔为之。这种阅读法，应该有利于孩子理解书中更深层的
意义，哪怕她不懂，总比她一个人摸索要好一些。同时，对于家长来
说，这是一种阅读训练，一种自我提高。在精力和时间允许的情况下，
不妨多尝试一些。

　　和孩子一起阅读故事，不一定要和孩子读同样的书。凌凌在家里
阅读时，我通常也拿着书在边上看。她读她的《儿童文学》，我读我的
《鲁迅全集》。这似乎不搭界，实际上是相互影响的。如果孩子在读书，
家长在玩手机，孩子能静得下心来吗？陪孩子阅读，形成一种"书香
家庭"的氛围，对于孩子的成长是很重要的。

陪孩子写读后感

阅读的一个重要目的，是提高孩子的表达能力。表达能力主要有两种，一种是口头表达能力，另一种是书面表达能力。

随着阅读的深入，孩子的口头表达能力肯定会有所提高。我们做家长的，大都有这样一个共同的经验：在某一个时间里，孩子说出的某一句话，大大超越了他的年龄段所应有的水平，或是用上了某个成语，或是用了一段极好的描述。我想，这要拜平时的阅读所赐。

书面表达，也是随着对故事阅读的深入而长进的。文字的表达比口头表达要复杂得多。它不仅仅是一些词语的积累，更多的是思维和逻辑的训练。因此，如果时间和精力允许，可以陪孩子写一些读后感。读完一本书或一个故事后，我们或多或少会有一些感触。孩子其实也有感慨，只是他的视角、深度等不太一样而已。把这些感受记录下来，对于孩子文字表达能力的增强无疑有很大的促进作用。

写读后感是有步骤和技巧的。

通常来讲，应该先从片段开始。可以先让孩子写一段话，或者写对整个故事的感受，或者是写对某个人物的看法，或者写故事里印象最深的情节给自己的启发，等等。文字可长或短，长则一二百字，短则几十字。这样的训练，有利于锻炼孩子的理性思维和文字概括能力。

孩子到小学中高年级后，渐渐可以陪他写比较完整的读后感。怎么写呢？儿童文学作家、评论家谭旭东先生有一个比较实用的办法，他说：

指导孩子读书，可以适当地让孩子写写读后感。读后感不难写，可如此：第一段先介绍自己读了什么书，为什么要读。第二段述说书的内容，最喜欢书里什么，书中哪些打动了你，哪一部分最精彩。第三段可以写从书里得到了什么启示，有些什么体会、感悟。最后可以表达一下自己的见解，对此书的判断。

这个办法具有很强的可操作性，学起来也不难。实际上，读后感的写法远不止这一种，孩子可以不拘一格，只要写得通顺、流畅，有自己的思考就可以了。

让孩子写读后感，家长不能缺位。家长在这中间能起到什么作用呢？怎么参与到这个活动中去呢？

很简单。就是和孩子共同阅读完故事后，与孩子讨论，让孩子谈自己的看法，谈你对这个故事的看法，帮助孩子提炼主题。孩子动笔后，可以陪他一起一段一段向前推进，回答他的疑问。读后感写完后，帮孩子看一看，陪孩子修改错别字或不通顺的地方。

相信许多家长都是这么做的。这个过程中，我觉得讨论特别重要。只有讨论清楚，孩子明白了写作的思路，大概知道要写几段，每一段写什么，后面的事情才好办。

有一次，我和凌凌一起读完了沈石溪的《狼王梦》。这个故事主要讲大公狼黑桑想当狼王，和母狼紫岚一起想推翻狼王，可是黑桑不幸死了。母狼紫岚为了圆这个狼王梦，先后拼命训练儿子黑仔、蓝魂儿、双毛，但过分强烈的愿望，让这三只狼崽最后都死于非命。紫岚又想让女儿生下的狼崽来完成她未曾实现的梦想，最后为保护这些外孙，和金雕一起坠入悬崖。对这个故事的主题可以做不同的解读，我和凌凌进行反复讨论，我最终提出两种解读方式，一是人要有梦想，并且要拼一切努力去实现它，哪怕就是死也在所不惜；二是人的梦想要实事求是，不能好高骛远，实现不了的梦想只能叫幻想。凌凌听了我的话后，做了认真思考，花了近两个小时，围绕《狼王梦》写了一篇读后感，她的结论是："人应该有梦想，但也应该理智一些。"我想，是讨论，让她对读后感的主题更加明了。

刚上小学三年级时，老师给凌凌布置了读一本书、写一篇读后感的作业。凌凌读的是张天翼的经典之作《宝葫芦的秘密》。这本书恰好我读过。凌凌读完后，我和她做了较深入的讨论。我说："宝葫芦是一个神奇的东西，可以帮助王葆实现所有愿望，但最后给王葆带来了烦恼。这说明了什么？我们做事情，能靠这种宝葫芦吗？"凌凌答："不能。"我问："那靠谁呢？"凌凌答："要靠自己。"我又启发她："我们家有没有宝葫芦呢？"凌凌答："没有！"我说："你想一想，你的许多愿望，比如说，过生日的时候想要一个生日礼物，是谁给你实现的？"凌凌一听："哦，我明白了！"然后，开始动笔。成文后，我和凌凌再次做了讨论、修改。最后，有了下面这篇文章。

《宝葫芦的秘密》读后感

我看的书是《宝葫芦的秘密》，它的作者是张天翼。看完了这本书，我懂得了一个道理：要相信自己的努力，不要指望天上掉馅饼。

故事是这样的：小学生王葆意外地得到了一个宝葫芦。这个宝葫芦什么都可以变出来，可以为王葆做出一道难的数学题，变出好多好吃的零食。但是，后来王葆却为拥有这个宝葫芦生出了无数的烦恼，最后竟然把宝葫芦砸碎了。

读完这个故事，我突然觉得我特别像王葆，爸爸妈妈就是我的"宝葫芦"。我想要什么，他们就给我什么。比如，我想看书，第二天书架上就出现了一本书；我肚子饿了，餐桌上立马就出现了热腾腾、香喷喷的食物。我有点儿心虚了，要是长期这样下去，我的成绩不但会下降，生活能力也可能越来越差。

我不能再依靠我的"宝葫芦"了。我应该自己能做的事情自己做，依靠自己，不依赖别人，通过自己的努力，做好每件事。

这篇文章后来收入凌凌学校里编的作文集，这是她上小学三年级后的第一篇读后感。虽然比较稚嫩，但基本写清楚了故事的主要情节，写清楚了自己的感受，表达了自己的愿望，结构较为完整，应该说是比较成功的。

为了让凌凌对写读后感不厌烦、不畏惧，我还做了一件事情，就是自己主动写读后感。有些书是凌凌读过的，我也读过。凌凌读过就读过了，我读后觉得好的，就写一篇读后感，并且打印出来，给凌凌看，让她知道，写读后感并没有那么难。迄今，我已就我们共同读过的《窗边的小豆豆》《人鸦》《吹小号的天鹅》《时代广场的蟋蟀》《一只叫企鹅的猫》《少年小树之歌》《小难民自述》等多本读物写过读后感。这些读后感大多数发表在知名读书电子刊物《天涯读书周刊》上，有一部分发表在纸质媒体上。下面，分享一下我写的《一只叫企鹅的猫》的读后感。

一只猫搭起的友谊桥梁——读《一只叫企鹅的猫》

第一次读完《一只叫企鹅的猫》时，有种不过如此的感觉。女儿已先我读过，我征求她的意见："这本书篇幅比较短，情节简单，缺乏吸引力。"女儿另有看法："短是短了点，那是作者概括能力强，留下的都是精华。"我想，或许我的感受有误。于是，我又认认真真地读了一遍，在咀嚼和回味中，发现此书确如女儿所说，其实还不错。

这是一个关于交往的故事。

阿飞是个有点儿孤独的孩子,至少在家里他没什么玩伴,最大的乐趣就是去邻居巴勒特太太家的院子里"探险"。"擅闯禁地"的感觉带给了阿飞新奇的刺激。陪伴他一道来"探险"的,是一只流浪猫。这是阿飞收养的猫,他给这只猫取了个奇怪的名字:企鹅。有了企鹅,阿飞的生活增添了许多色彩。他喜欢和企鹅聊天,企鹅是个极好的倾听者。他喜欢和企鹅玩耍,他带着企鹅一起偷偷地到巴勒特太太的院子游逛,一起爬到树上去晒太阳。企鹅让阿飞平淡的生活一下子充满了乐趣。这个时候,格瑞斯出现了。格瑞斯是巴勒特太太的外孙女。巴勒特太太的身体不好,女儿搬过来和她一起住,把这个可爱的外孙女也带来了。

故事的序幕由此真正拉开了。

阿飞和格瑞斯的初次见面并不愉快。那天,阿飞像往常一样去巴勒特太太的院子里爬树,没想到格瑞斯早已坐在树上,比阿飞爬得还高。要命的是,格瑞斯晃动树枝,让阿飞感到十分惊慌,站都站不稳,只好狼狈地逃离。好长一段时间,两个人的关系就这样僵着,不冷不热,不好不坏。有一天,格瑞斯随妈妈到阿飞家做客,认识了那只叫企鹅的猫。她很喜欢企鹅,企鹅也喜欢她。

阿飞和格瑞斯找到了共同语言,企鹅成了他们共同的朋友。故事向前曲折推进,情节变得跌宕起伏。比如,企鹅不见了,阿飞费尽千辛万苦,在格瑞斯家里找到企鹅,两个人因此发生争执,闹得不愉快。又比如,企鹅再次失踪,阿飞和格瑞斯消除了对彼此的"憎恨",合作寻找企鹅,阿飞被荨麻刺了手,格瑞斯花了大力气才爬上棚子,不管怎么说,他们俩一起救回了企鹅。经过这种种事情之后,他们逐步打开心门，接纳对方进入自己的世界，结成了朋友。

交往是循序渐进的。阿飞和格瑞斯这两个本来素不相识的孩子，因为一只叫企鹅的猫，最终变成了交心换心的好朋友。是企鹅，搭起他们互信的桥梁；是结伴喂养、寻找企鹅的经过，成就了他们纯真的友谊。华盛顿说："真正的友谊，是一株成长缓慢的植物。"这位伟人的话，意味深长而又那么贴切，形象地解释了交往是需要时间、需要理解的。

了解阿飞和格瑞斯由生疏到信任的经历，或许能为我们理解孩子之间的交往提供一种视角：孩子有孩子的交往之道，他们之间有自己沟通的方式和桥梁，不要轻易去包办代替孩子们的事情。阿飞的爸爸、妈妈和格瑞斯的妈妈，都没有进入孩子的内心世界，也没有给孩子什么实质性帮助。既然如此，不如对孩子宽容一点，信任他们，让他们放手去做自己的事情。

女儿对作者的评价是"概括能力强"。现在回头仔细看一看，女儿是有道理的。这本书不到 10 万字，篇幅不算长，但以简单的情节，基本写活了阿飞、格瑞斯这一男一女两个孩子的表情、心理、语言、行动，让人读来觉得生动有趣。作者的捕捉和提炼儿童生活的功力，确实是值得肯定的。

当然，要求所有家长都来写读后感并不现实，我和凌凌共同读了不少书，也只对其中一小部分写了读后感。这样做的好处很明显，比如：

（1）给孩子做出了示范，让孩子知道，写读后感不是一件很难的事。

（2）给孩子提供了一种思路和参考，孩子通过读家长写的读后感，可以知道读后感有不同的看法、不同的写法。

（3）拉近了与孩子的距离，孩子平时和你聊天时，你们有更多的共同语言。

（4）家长本身也训练了文字表达。

与孩子排演简单的"故事剧"

有许多方式，能够激起孩子对阅读故事的兴趣。比如，带着孩子一起，根据读过的故事制作简单的绘本；尝试做一些阅读手抄报，加深对阅读故事的印象。

还有一种非常有用的方式，那就是和孩子一起排演"故事剧"。

这很难吗？其实不难。

周作人写过一篇《儿童剧》，里面回忆了他小时候和小伙伴们演剧的情形：

儿童剧

从家里到塾中（指三味书屋）不过隔着十家门面，其中有一家的主人头大身矮，家中又养着一只不经见的山羊，便觉得很有一种超自然的气味；同学里面有一个身子很长，虽然头也同常人一样的大，但是在全身比例上就似乎很小了；又有一个长辈，因为吸鸦片烟的缘故，耸着两肩，仿佛在大衫底下横着一根棒似的：这几个现实的人，在那时看了都有点异样，于是拿来戏剧化了，在有两株桂花的院子里扮演这日常的童话剧。"大头"不幸的被想化做凶恶的巨人，带领着山羊，占据了岩穴，扰害别人，小头和耸肩的两个朋友便各仗了法术去征服他："小头"从石窟缝里伸进头去窥探他的动静，"耸肩"等他出来，只用肩一夹，便把他装在肩窝里捉了来了。这些思想尽管荒唐，而且很有唐突那几位本人的地方，

但在那时觉得非常愉快，用现代的话来讲，演着这剧的时候
实在是得到充实生活的少数瞬间之一。

……以上因了自己的经验，便已足以证明儿童剧的必
要……儿童剧幼稚教育当然很有效用，不过这应当是广义的，
决不可限于道德或教训的意义。我想这只须消极地加以斟酌，
只要没有什么害就好，而且即此也就可以说有好处了。

从这两段话里，可以看出周作人对幼年时演剧的怀念，这个演剧
的经历让他非常愉快。并且，他认为演剧没有什么特殊要求，"只要没
有什么害就好，而且即此也就可以说有好处了"。这一点，我是非常赞
同的。

如果我们把阅读和表演结合起来，是不是会增强孩子的阅读兴趣
呢？是不是会让故事在孩子心中留下更深的印象呢？这大概是不用怀
疑的。而且，孩子似乎也非常喜欢故事剧这种形式。凌凌四岁多时，
我的日记里记录了一些和她排演故事剧的情景，抄录几则在这里，或
许可供借鉴。

2010 年 9 月 11 日，我们一家去家居城买窗帘，妈妈挑
选窗帘的时候，凌凌有些无聊。她就让我和她演《跳跳虎说
"对不起"》故事里的情节。她演维尼，我演跳跳虎。这是最
最初级的情景剧，十分简单。凌凌很喜欢，演了好几遍。

2010 年 11 月 9 日，凌凌让我和她演龟兔赛跑的故事。她
当乌龟，我当兔子。结果，她评价，她是"小聪龟"，我是
"大笨兔"。演到颁冠军奖杯那个环节，她还要让我站在边上，
装作不好意思的模样。后来，我们又一起演"守株待兔"的
故事。这回，她当兔子，不小心在树桩上撞晕了，而我扮的
是那个傻傻的农夫，从此后只会等待兔子，荒废了耕作，惹

得人嘲笑。

2010年11月29日，睡前，给凌凌讲了一个小熊维尼做松糕的故事。讲完后，凌凌把做松糕的故事演了一遍。其中一个情节是捡草果。因为没有道具，凌凌就拿了一只裹成一团的袜子当草果。妈妈看着凌凌的形象，在边上笑得肚子痛。

和孩子演故事剧，或是孩子自己演故事剧，没有什么场地的限制，也没有什么剧本、台词和表演技巧等方面的要求，重要的是孩子愿意去演、感到开心。只要去演，就是一件很有益处的事情。所以，排演故事剧完全可以随意为之，简简单单地演完即可。在这个过程中，孩子等于重温了故事里的情节，再次熟悉了故事里的角色和语言。

别小看这样的排演。事情虽小，对孩子却可能形成潜移默化的深远影响。一则能够让孩子对故事更加了解，二则通过表演可使孩子懂得一些基本的语气、动作表达。孩子升入小学中高年级后，学校里常常组织课本剧等文艺演出。如果孩子小时候有这方面的经验，至少在心理上不会怯场。凌凌在小学四年级上学期时，班上组织文艺演出，她和另外一位同学用了一个下午，写出了一个《哆啦A梦》的小剧本，看上去有模有样的，凌凌和同学们演出后受到好评。她能有这样的表现，能否从她幼年时排演故事剧的行为中找到根因呢？

可以肯定的是，排演故事剧是对阅读故事更高层次的升华，它不仅把阅读的思维活动变成了可视的形象和动作，而且反过来会促进孩子对故事的理解和认识，增强阅读效果。

现在，我们再回到阅读的话题。在本章的开头，我引用了许多名人的说法来论证阅读的功用。其实，即使不搬出那些名人来，我们每位家长都知道让孩子多读点书，只有好处没有坏处。既是教育专家、又是家长的尹建莉老师在《好妈妈胜过好老师》中说：

　　它（阅读）有一种魔力，不显山不露水地赋予孩子不同
的能量——凡从小有大量阅读的孩子，他的智力状态和学习
能力就会更好；凡是缺少阅读的孩子，学习能力一般都表现
平淡，哪怕是写作业的速度，一般来说他们比那些阅读多的
同学要慢得多。

　　这话或许夸张了一点，但大体上没错，阅读的作用是毋庸置疑的。
　　在故事阅读中提升孩子的阅读能力，家长不能缺位。不管是给孩
子读故事，还是和孩子一起阅读故事，甚至是陪孩子写读后感、排演
故事剧，都离不开家长的引导和相助。这需要我们做一个称职的家长。
孩子有需求，我们要有响应，有行动。
　　更重要的，我们自己要爱读书。如果家长爱读书，给孩子做出了
榜样和表率，在家里营造出了一种书香环境和氛围，那么，生长在这
样家庭里的孩子，至少应该不拒绝读书吧。

这么多年来，我们一直坚持给女儿讲故事。

长期坚持的结果，就是对如何选择故事、如何编讲故事、如何提高孩子阅读故事的能力等有了自己的一些见解。有一天，孩子妈妈说："你可以把这些写下来，给大家分享一下。"

恰好，我给孩子编过一些故事，并且积存了 2 万多字的故事稿。

恰好，我有记日记的习惯，不间断地记录女儿的成长，记录给女儿讲了什么故事，她有什么反应……

恰好，近年来我阅读了一些育儿方面的书籍，还阅读了不少故事书。

这些，为这本书的诞生提供了一个基础。

孩子妈妈的话给我一个提醒，我觉得有必要把自己对讲故事的思考、实践等写出来。作为爱孩子的家长，读到这本书时，大约会有"心有戚戚焉"的感觉吧。

任何写作都是一种艰辛的劳作，在这个过程中，我的女儿凌凌给了我无尽的灵感，我的爱人程艳红老师校改了整本书稿，提出了许多建设性意见。对自己的家人，任何感谢都显得那么微不足道。我愿意以更加耐心的陪伴，来表达我心中那份无法言说的谢意。

此书的出版，君悦传媒的王国军先生和出版社的责编功不可没，是他们的慧眼和辛劳，使这本书得以顺利面世。在此，向他们致以无尽的敬意。

实践常青，变成文字的理论和经验总留有遗憾。这本书尚有不足之处，期待睿智的家长们不吝批评指正。

免费测评

测一测你在亲子教养中有什么特点，

你是孩子心中大象、老虎？或是水果、蔬菜？

我爸爸是很特别的人，他强壮、自信，他害羞、敏感，

他有一点像我爱画的大象……

我爸爸是个多变的超人，他严厉、认真，他温柔、耐心，

他有一点像我最爱吃的梅子干……

本测评结果中的分析和建议均由专业心理咨询机构完成

温暖、保护、关心、理解